PORTA MAG

LIONEL VIBERT s-a născut în 1872. A devenit mason în 1892, la doar 20 de ani. A studiat la Victoria College și Emmanuel College din Cambridge, iar după absolvire a fost încadrat în Serviciul Vamal al Coroanei Britanice, primind un post la oficiul din Madras, în India. Aici a participat la înființarea Lojei Justitia nr. 82, în anul 1910. Serviciul din India s-a derulat în mai multe etape, cu reveniri periodice în Anglia, încheindu-se definitiv în 1928.

În timpul unei perioade petrecute în Anglia, în 1917 a fost primit în faimoasa lojă Quatuor Coronati nr. 2076 din Londra, în care au activat unii dintre cei mai cunoscuți scriitori masoni englezi din acea perioadă: Robert Freke Gould, William James Hughan, George William Speth și alții. Între anii 1921 și 1922 a fost Maestru Venerabil al acestei loji. Începând din 1928 a deținut funcția de secretar al lojei până în 1938, când a încetat din viață.

A contribuit cu multe articole la publicația *Ars Quatuor Coronatorum,* a fost editor al revistei de cercetări și consultări masonice *Miscellanea Latomorum* între 1930 și 1938 și este autorul unor cărți importante despre Masonerie, printre care se numără *Freemasonry Before the Existence of Grand Lodges* și *The Story of the Craft: A Simple Account of the Development of Freemasonry.*

LIONEL VIBERT

MASONERIA ÎNAINTE DE APARIȚIA MARILOR LOJI

Traducere din limba engleză și note
ALEXANDRU ENACHE

NEMIRA

Coperta: Alexandru CSUKOR
Ilustrația copertei: „Construirea Turnului Babel", miniatură anluminată,
Bedford Hours (1414–1423), British Library, Add. 18850, f.17v

Descrierea CIP a Bibliotecii Naționale a României
VIBERT, LIONEL
Masoneria înainte de apariția Marilor Loji / Lionel Vibert;
trad.: Alexandru Enache. - București : Nemira Publishing
House, 2014
ISBN 978-606-579-945-5

I. Enache, Alexandru (trad.)

061.236.6

Lionel Vibert
FREEMASONRY BEFORE THE EXISTENCE OF GRAND LODGES

Redactor: Nicoleta GHEMENT
Tehnoredactor: Alexandru CSUKOR
Lector: Ecaterina DERZSI

Tipărit la ARTPRINT SRL
tel: 0723130502
e-mail: office@artprint.ro

ISBN 978-606-579-945-5

CUVÂNTUL TRADUCĂTORULUI

Când și unde a apărut Francmasoneria? Care sunt originile sale și cum a evoluat? Nimeni nu poate răspunde cu certitudine la aceste întrebări. În schimb, există un volum uriaș de teorii fanteziste, presupuneri și născociri care îi pot pune în dificultate până și pe cei mai raționali dintre noi.

Traducând această carte, mi-am dat seama că Lionel Vibert a scris-o din dorința de a elucida într-o oarecare măsură subiectul, poate și sub imperiul exasperării pricinuite de noianul de aberații, bine sau rău-intenționate, vehiculate despre Francmasonerie.

Primul document în care se face o referire clară la Masonerie este Regius Poem[1], scris în jurul anului 1390. Pentru modul în care a evoluat Ordinul în vremurile anterioare acestei date nu există decât legende și presupuneri, unele chiar penibile. Nu este nevoie să le discutăm aici, autorul a avut grijă să le analizeze în detaliu.

Cei mai mulți cercetători și învățați masoni cred că Masoneria modernă s-a dezvoltat, direct sau indirect, din confreriile pietrarilor, care au construit măreţele catedrale și castele medievale din vestul Europei.

[1] The Regius Poem, cel mai vechi Cod de legi masonic (Regius MS, circa 1390).

Trebuie să fi existat un mod de organizare a masonilor operativi din Evul Mediu, cel puţin în Anglia, unde, după Cucerirea Normandă (1066–1086), au fost construite într-un timp relativ scurt mii de lăcaşuri religioase asemănătoare ca mărime, stil şi proporţii arhitectonice. Acest lucru nu se putea realiza în lipsa unei corelări şi comunicări eficiente între diferitele grupuri de meşteri care le-au înălţat.

Cu toate acestea, chiar dacă avem destule indicii care aparent demonstrează o legătură directă între Masoneria operativă şi cea speculativă, ca şi în cazul teoriei lui Darwin, există destule „verigi lipsă" care trebuie găsite, în condiţiile lipsei izvoarelor istorice despre masonii operativi din Anglia medievală, existând câteva documente doar despre cei din Scoţia.

Lionel Vibert a încercat să navigheze cât mai bine pe aceste ape tulburi şi câteodată învolburate, limitându-se la a lua în considerare doar informaţiile oferite de documentele istorice şi îndepărtând presupunerile şi speculaţiile, dovadă fiind folosirea foarte rară a cuvintelor „probabil" sau „posibil".

Spre deosebire de autor, care spune în prefaţa cărţii că a încercat să evite cât mai mult notele de subsol, eu am fost nevoit să introduc peste 100. Am considerat că este necesar să ofer un minimum de informaţii despre personalităţile şi evenimentele istorice în discuţie, pentru a ajuta cititorul să-şi creeze o imagine cât mai clară asupra contextului istoric. Pentru o lectură cât mai uşoară, notele de subsol sunt concise şi la obiect.

Cartea se adresează nu numai celor interesaţi de istoria veche a Masoneriei, ci şi celor pasionaţi de istorie în general, fiind un periplu inedit care pleacă din vremurile biblice, trece prin Antichitatea egipteană, greacă şi romană, prezintă aspecte ale vieţii meşteşugarilor din Evul Mediu apusean, parcurge diverse perioade din istoria medievală a Angliei şi se încheie în 1717, odată cu formarea primei Mari Loji masonice din lume.

Închei prin a le mulţumi tuturor celor care au fost alături de mine pe parcursul realizării acestei lucrări, familia, colegii şi prietenii, precum şi reprezentanţilor renumitei edituri unde este publicată, sperând că ea va ajuta cititorul să vadă în altă lumină vremurile de început ale Masoneriei.

Dedicată Maestrului Venerabil, Ofițerilor și Fraților din Loja Quatuor Coronati 2076, E.C, cu permisiunea lor.

Blazonul Companiei Masonilor (operativi) din Londra, acordat în anul 1472.

„Iată o observație excelentă", spun eu,
atunci când părerea unui autor coincide cu a mea.

SWIFT

PREFAȚĂ

Prin această modestă carte am intenționat să prezint într-o formă simplă și concisă rezultatele la care au ajuns marii cercetători moderni ai Ordinului nostru, Gould, Hughan, Rylands, Speth și alții, rezultate ce nu sunt ușor accesibile fraților care doresc să afle aspecte majore despre originea și istoria de început ale Masoneriei, dar nu pot să le studieze în detaliu din cauza lipsei timpului și a banilor.

M-am dedicat perioadei timpurii a istoriei noastre, în primul rând pentru că, mergând dincolo de anul 1717, aspectele de studiat ar fi fost atât de numeroase, încât ar fi excedat subiectul cărții, dar și pentru că după anul respectiv, istoria Ordinului nostru poate fi considerată o știință oarecum exactă, eu fiind interesat de problema originii noastre, care este foarte departe de a fi stabilită cu certitudine și asupra căreia se pare că sunt vehiculate cele mai uimitoare speculații.

Munca mea nu are pretenții de originalitate, fiind bazată în primul rând pe *Istoria* lui Gould și pe lucrările publicate ale Lojii Quatuor Coronati; atunci când am folosit alte surse, în general le-am citat, dar am preferat să nu încarc textul cu note de subsol și referințe. În acest sens, am adăugat un scurt index.

LIONEL VIBERT

LISTA SURSELOR

Ars Quatuor Coronatorum

GOULD: *History of Freemasonry*

A Concise History

The Four Old Lodges

HUGHAN: *The Old Charges of British Freemasons*

BEGEMANN: *Freimaurerei in England (I B.)*

JOSEPHUS: *Jewish Antiquities*

TOULMIN SMITH: *English Gilds*

BRENTANO: *Origin of English Gilds*

UNWIN: *The Gilds and Companies of London*

FERGUSON: *History of Architecture*

LEADER SCOTT: *The Cathedral Builders*

WAITE, A.E.: *History of Rosicrucianism*

Publicații ale E.E. Text Society

Cronici etc., publicate de Master of the Rolls

I

INDICIILE INTERNE ALE VECHIMII NOASTRE

În trecut, Masoneria a fost discreditată din pricina pretențiilor exagerate exprimate în numele ei, la început cu bună-credință de cărturarii din vechime și de autorii Vechilor Rânduieli, ulterior de oameni mai educați și mai învățați, care trebuie să fi fost dacă nu intenționat orbi, atunci copilărește de creduli.

Dacă am accepta ritualul nostru ca pe un ghid, atunci am fi obligați să presupunem că Ordinul se trage direct și fără întrerupere din Cele Trei Grade de pe vremea lui Hiram. Vechile noastre Rânduieli situează începuturile Masoneriei engleze într-o eră de dinaintea lui Athelstan[1], iar Meșteșugul propriu-zis din vremea lui Nimrod[2] și Nineve[3]. Dar nici măcar aceste exagerări nu sunt suficiente pentru scriitori ca dr. Anderson[4],

[1] Athelstan (cca 893–27 oct. 939) a fost primul rege anglo-saxon care a domnit asupra întregii Anglii.

[2] Rege mitic din Mesopotamia, personaj al Vechiului Testament, strănepot al lui Noe, despre care tradițiile creștine și iudaice spun că a construit Turnul Babel.

[3] Oraș antic situat pe malul estic al fluviului Tigru, capitală a Imperiului Neo-Asirian, aflat în prezent pe teritoriul Irakului, în apropiere de orașul Mosul.

[4] James Anderson (1679/1680–1739), născut și educat în Aberdeen, Scoția. Scriitor și pastor prezbiterian, este autorul Constituțiilor masonice, cartea de căpătâi a Masoneriei regulare, apărută în 1723 cu titlul complet *The Constitutions of the Free-Masons,*

Preston[1] și dr. Oliver[2]. Cu adevărat, ei întruchipează cele trei grade ale credulității masonice. Dr. Anderson a scris primele Constituții având ca sursă Vechile Rânduieli, prolifica sa peniță fiind responsabilă pentru introducerea forțată în istoria Masoneriei Engleze a multor evenimente extraordinare, ca și pentru includerea în rândurile noastre a multor personaje impozante.

Preston, în lucrarea sa *Ilustrations of Masonry*, nefiind mulțumit să-i considere pe druizi ca frați masoni, a mers mai departe și a spus: „Temeliile Masoneriei pot fi găsite încă de la începuturile lumii", iar dr. Oliver, care a scris despre vechimea noastră, a venit cu ceva și mai și: „Tradițiile Masonice antice spun, iar eu cred că este corect, că știința noastră a existat înainte de crearea acestei planete și a fost difuzată prin intermediul a diferite sisteme" în spațiu.

Pe de altă parte, prin însăși natura misterelor noastre, este normal ca indiciile documentare să lipsească, ele fiind singurele în măsură să satisfacă un cercetător științific. De fapt, candidatului mason din ziua de azi i se cere să nu-și scrie niciodată secretele, un asemenea spirit fiind caracteristic Ordinului. În acest sens, există o oarecare bază pentru a presupune că multe documente au fost distruse în 1720 de câțiva frați foarte scrupuloși, fiind posibil ca ele să fi inclus ritualuri vechi care în prezent ne-ar fi interesat foarte mult.

Singurele dovezi documentare pe care le avem pentru a proba vechimea de peste două secole a Masoneriei sunt următoarele:

---

containing the History, Charges, Regulations of that Most Ancient and Right Worshipful Fraternity.

[1] William Preston (1742–1818), scriitor și editor scoțian, născut la Edinburgh. Ilustru cercetător mason, este autor al multor lucrări despre Masonerie, cea mai importantă fiind *Illustrations of Masonry*, publicată în limba engleză de 12 ori în timpul vieții autorului și tradusă în multe alte limbi. Este înmormântat în catedrala St Paul din Londra.

[2] George Oliver (1782–1867), cleric, profesor și unul dintre cei mai distinși scriitori masoni din Anglia, a scris multe lucrări importante din literatura masonică engleză, cum ar fi *The Antiquities of Freemasonry* – 1823, *The Star in the East* – 1825, *Historical Landmarks and other Evidences of Freemasonry* – 1844 etc.

(i) Referirile la Ghildele masonilor, Compania Londoneză şi masonii individuali, care ne duc înapoi în timp până în secolul al XIV-lea.

(ii) Referirile din Statute, începând din 1349, din timpul lui Edward al III-lea[1] şi până la regina Elisabeta. Oricum, acestea conţin foarte puţine informaţii despre Masoneria Speculativă.

(iii) O serie de documente, scrise de fapt pentru Frăţie şi aflate iniţial în posesia ei, care conţin o istorie legendară şi reguli pentru călăuzirea Ordinului şi a membrilor săi, Maeştri, Calfe şi Ucenici. Aceste documente sunt cunoscute sub numele generic de Vechile Rânduieli, iar cel mai vechi original pe care îl avem este Lansdowne, scris în secolul al XVI-lea. Documente similare trebuie să fi existat cu mult înainte, toate având aceeaşi origine.

(iv) Două manuscrise care sunt mai vechi decât orice versiune existentă a Vechilor Rânduieli, dar este clar că cei care le-au compilat au avut la îndemână nişte documente similare Vechilor Rânduieli. Cu toate acestea, cele două tratează şi numeroase subiecte nemasonice. Manuscrisele sunt cunoscute sub numele de Poemul Regius, datat în jurul anului 1400, şi Manuscrisul Cooke, lucrare în proză, care a fost scrisă cu treizeci sau patruzeci de ani mai târziu.

(v) Statutele Schaw din 1598 şi 1599, unde se menţionează existenţa a patru Loji Scoţiene. Aceste manuscrise cuprind regulile funcţionării Meşteşugului operativ.

(vi) Minute ale adunărilor Lojilor Scoţiene, mergând înapoi până la anul 1599. Nu există minute ale Lojilor Engleze înainte de 1700.

(vii) O serie de adnotări şi menţiuni făcute în literatura secolului al XVII-lea, de anticari şi alţi autori.

Documentul nostru de la 1400 (Poemul Regius) arată că loja exista deja şi oferă o istorie legendară a Meşteşugului, care susţine că a fost

[1] Rege al Angliei (1312–1377), cunoscut pentru restabilirea autorităţii regale în Anglia şi transformarea acesteia într-una dintre cele mai mari puteri militare ale Europei acelor vremuri.

adus în Anglia de Sfântul Alban[1]. De fapt, cuvântul „francmason" poate fi găsit în documente dinainte de 1400, iar lojile sunt menționate încă din 1292. Întrebarea e cu cât este mai veche decât aceste date Masoneria autentică.

Argumentele pe care se bazează cele mai multe speculații neștiințifice ale multor scriitori antici și moderni sunt din categoria celor periculoase, respectiv analogii și similarități. Multe din lucrurile nesănătoase scrise despre Masonerie se datorează cercetătorilor entuziaști care nu au ratat nicio ocazie de a considera o asemănare ca fiind o dovadă în favoarea Masoneriei, considerând că existența Ordinului este demonstrată prin inițierile druizilor, semnele secrete ale aborigenilor australieni sau prin cioplirea imaginii uneltelor noastre pe pereții unor catacombe. Ei consideră că ritualurile masonice sunt adresate zeilor egipteni și văd costumele noastre ceremoniale ca aparținând Grădinii Raiului.

Acest pericol poate fi cel mai bine evitat dacă vom ordona sistematic toate trăsăturile caracteristice Ordinului, prin care ne deosebim de toate celelalte religii, societăți, bresle, frății sau orice altceva. În același timp, nu trebuie să acceptăm ca precursor nicio grupare din Antichitate decât dacă posedă majoritatea caracteristicilor care ne definesc, nu doar una sau două.

Vom vedea că aceste trăsături sunt zece la număr. Noi suntem o societate care:

(i) aparține unei meserii sau profesii specifice: în cazul nostru, păstrăm doar o vagă similitudine cu o profesie obișnuită;
(ii) are o structură specială care-i include pe Maestrul Venerabil, Supraveghetori și alți Ofițeri;
(iii) admite candidații prin ceremonii speciale, ei trebuind să fie maturi, bărbați și „oameni liberi";

---

[1] Sfântul Alban (sec. al III-lea sau al IV-lea d.Hr.), roman din Britannia convertit la creștinism de preotul Amphibalus. Primul martir creștin din Anglia, decapitat în timpul persecuțiilor creștinilor ordonate de împăratul Dioclețian.

(iv) posedă un set de semne şi cuvinte secrete care le permite membrilor să se recunoască reciproc şi care nu trebuie dezvăluite;

(v) are o istorie tradiţională;

(vi) are o costumaţie specială pentru ceremonii;

(vii) are un ritual elaborat, care trebuie respectat cu stricteţe;

(viii) îşi instruieşte adepţii să-i ajute pe ceilalţi membri ai Societăţii şi să-i considere fraţi, având o moralitate simplă, ilustrată prin uneltele de lucru ale meşteşugului;

(ix) foloseşte un simbolism elaborat, nu doar ca pe un vector al instruirii morale, ci şi conectat cu toate ceremoniile şi semnele noastre. În cele din urmă:

(x) se întâlneşte periodic, nu doar ca să se ocupe de treburile curente ale Ordinului, ci şi pentru a împărtăşi membrilor săi învăţăturile practice ale Meşteşugului, învăţături considerate mistere şi care nu trebuie comunicate celor din afara Frăţiei.

De fapt, în prezent nu mai sunt secrete operative care să poată fi împărtăşite. Este posibil ca într-o anumită perioadă a dezvoltării Masoneriei Speculative, atunci când legăturile cu masonii operativi erau foarte slabe, învăţăturile tehnice care mai rămăseseră au fost eliminate în mod deliberat, deoarece ele nu erau înţelese de masonii speculativi care nu aveau nicio legătură cu meseria de constructor, locul învăţăturilor tehnice fiind luat de adevărurile morale. La această evoluţie a contribuit şi declinul construirii de clădiri sfinte, catedrale şi biserici, care a intervenit după desfiinţarea mănăstirilor, fenomen care a eliminat principalul angajator al masonilor operativi. Acest declin indică faptul că adevăratele secrete operative, cunoscute, de exemplu, de arhitecţii care au construit King's College Chapel, au fost foarte repede pierdute de decăzuţii lor succesori operativi.

Luate individual, fiecare dintre aceste evenimente s-a produs în mod repetat în vremurile civilizate, posibil chiar şi în cele barbare. Oricum, înainte de a putea presupune că am identificat o formă de Masonerie operativă, trebuie să fi găsit toate trăsăturile menţionate anterior, sau cel puțin suficient de multe pentru a o putea distinge de un cult sau de o grupare de altă natură.

Ca să începem mai întâi cu cel de-al doilea punct, de multe ori s-a susținut că ne-am inspirat constituția din cea a Colegiilor Romane, în consecință afirmându-se că Masoneria derivă din acestea.

Numai că, în primul rând, constituția noastră seamănă doar la modul general cu cea a Colegiilor, ea fiind de fapt o replică fidelă a Constituției Ghildelor care sunt de sorginte teutonică (germanică), putându-se stabili cu ușurință o perioadă istorică certă în care Masoneria și ghildele au funcționat în paralel.

În al doilea rând, nu se poate determina un interval istoric în care am putea spune că Masoneria și Colegiile Romane au existat în același timp.

În al treilea rând, în afară de asemănarea singulară menționată la început, nu avem aproape nimic în comun cu instituțiile romane amintite.

Ghildele și Colegiile formează subiectul capitolului următor. Oricum, nici măcar legendele noastre nu se îndreaptă spre Roma, ci spre Egiptul antic prin Carol Martel[1] și „Namus Gracus“, această legendă fiind tratată în al patrulea capitol al acestei lucrări.

Prima trăsătură specifică a Masoneriei, pe care am menționat-o anterior, este că aparținem unei organizații lucrative de tip ghildă, sau mai degrabă în zilele noastre unui simulacru al acesteia. Faptul că încă păstrăm constituția ei este cea de-a doua noastră trăsătură. Prin urmare, structura și modul de organizare nu pot fi mai vechi decât aceste Ghilde, respectiv din secolul al IX-lea sau al X-lea. Fără îndoială, simbolismul și cea mai mare parte din știința noastră, dacă pot folosi această expresie, vin din vremuri mult mai îndepărtate, din străvechime.

---

[1] Carol Martel (cca 688–741), duce și prinț al francilor, a condus *de facto* Franța din 718 până la moartea sa. A cucerit o parte din teritoriile locuite de triburile germanice, i-a înfrânt pe saxoni și a oprit înaintarea musulmanilor către vestul Europei în Bătălia de la Tours, din anul 732.

Dar nu trebuie să ne aşteptăm să găsim înainte de perioada breslelor ceva ce ar putea fi considerat în mod rezonabil o Masonerie a meşteşugarilor zidari. În acelaşi timp, cei care deţineau şi transmiteau mai departe secretele operative şi învăţăturile simbolice, înainte de apariţia ghildelor, nu pot fi consideraţi adevăraţi masoni operativi, constructori de catedrale.

Dacă, aşa cum s-a susţinut, în ritualul nostru sunt influenţe ale Ermetismului şi ale Cabalei, care pretind că perpetuează învăţături străvechi, să nu uităm că aceste potenţiale surse de inspiraţie au apărut de fapt după înfiinţarea primelor bresle.

Aşa că, în concluzie avem o barieră în timp, o epocă dincolo de care nu ar trebui să ne aventurăm. În Germania şi Franţa există trei organizaţii de lucrători care seamănă în multe aspecte cu Masoneria, având aceeaşi vechime şi incluzând zidari şi constructori în rândurile lor. Ele sunt Steinmetzen, Ghildele Franceze şi Compagnonage-ul. Dar cu toate că ele sunt asociaţii lucrative care au cuvinte de trecere, ceremonii şi tradiţii istorice curioase, cam ca ale noastre într-un fel, având şi forme speciale de salut, ele nu consideră că fac parte din Masonerie şi nu au sistemul nostru de organizare în Loji, cu un Maestru, Demnitari şi Ofiţeri.

La începutul secolului trecut s-a încercat să se impună ideea că Steinmetzen ar fi la originea întregii Masonerii. Dar cercetările moderne au infirmat această teorie şi au aruncat asupra autorului său suspiciuni referitoare la falsificarea unor izvoare istorice. În acelaşi timp, se poate demonstra că Masoneria Germană derivă din Masoneria Speculativă Engleză, cu care Steinmetzen poate avea un singur lucru în comun, respectiv faptul că ambele se trag din ghilde sau fraternităţi apărute în ţările lor în Evul Mediu. Dar în căutările noastre pentru găsirea începuturilor Masoneriei Engleze, pentru moment Steinmetzen poate fi lăsată deoparte.

Ghildele franceze practicau ceremonii de iniţiere asemănătoare cu ale noastre, iar pietrarii au o tradiţie care spune că regele Carol Martel era un protector al zidarilor, tradiţie pe care o avem şi noi. Cu toate acestea, ghildele franceze nu au niciun fel de ştiinţă speculativă, neputându-se spune decât că sistemul lor a fost contemporan cu breslele noastre şi asemănător cu ele, dar originile noastre nu sunt comune.

Compagnonage-ul are multe puncte remarcabil de asemănătoare cu noi, dar totuşi diferă atât de mult încât există doar probabilitatea unor origini similare şi simultane. Avem totuşi indicii că ulterior s-a produs un schimb de legende şi ritualuri între noi şi ei.

Este adevărat că legendele noastre spun că Sf. Alban a adus Masoneria din Franţa. Dar pentru moment este suficient să afirmăm că membrii Compagnonage-ului nu pot fi precursorii noştri, atâta vreme cât ei sunt în principal asociaţii de calfe itinerante, care sunt aproape necunoscute Masoneriei engleze, organizaţia lor nefiind oricum mai veche decât a noastră. Despre ei vom vorbi mai mult în capitolele următoare.

Cel de-al treilea semn distinctiv al nostru este folosirea unei ceremonii de iniţiere. Aceste ritualuri pot fi întâlnite peste tot în lume şi nu aparţin doar Misterelor Antice, ele putând fi găsite şi în comunităţile moderne, civilizate şi barbare deopotrivă. Un gen de ceremonii de admitere exista şi la organizaţiile meşteşugăreşti din Franţa şi Germania, în perioada medievală.

Conceptul de iniţiere este comun fiecărei etape a evoluţiei unui om. De fapt, noi avem două iniţieri distincte, Gradul Trei masonic fiind una de un fel aparte. De asemenea, este evident că, dacă noi am şti cum era forma unei ceremonii din Antichitate, este posibil ca şi făuritorii ritualului nostru să o fi ştiut şi imitat, astfel încât niciun argument bazat pe asemănare neputând fi susţinut. Acolo unde nu cunoaştem niciun detaliu nu putem susţine că există asemănări, iar simpla analogie dintre cele două ceremonii nu constituie un argument în sine.

Acelaşi lucru poate fi spus şi despre următoarea noastră trăsătură: semnele şi cuvintele secrete, care sunt la fel de vechi ca şi civilizaţia şi pot fi găsite, de exemplu, la aborigenii australieni despre care nimeni nu poate afirma nicidecum că sunt fraţi de-ai noştri masoni.

Folosirea semnelor şi a cuvintelelor secrete era foarte bine cunoscută şi de primii creştini, de exemplu.

Dacă semnele sunt foarte simple, asemănările nu contează. De fapt, eu nu cunosc nicio societate antică despre care se spune că ar fi folosit sistemul nostru, cu atât mai puţin că l-ar fi utilizat în acelaşi fel ca noi.

O istorie tradiţională este o componentă a bagajului necesar oricărei grupări religioase sau cvasireligioase, în mod invariabil arogând cea mai veche origine respectivei grupări. Aşa sunt Hindu Sthala Purana[1], precum şi breviarele medievale ale catedralelor. Faptul că noi avem o istorie bazată pe tradiţii nu arată decât că Ordinul exista dinainte de vremurile în care istoria a început să fie tratată cu exactitate şi în mod critic, acest lucru fiind deja cunoscut.

Dar legendele ne disting totuşi de breslele de meşteşugari. Din acest punct de vedere, singurele organizaţii de tipul ghildelor cu care ne asemănăm sunt doar Compagnonage-ul şi Steinmetzen, ultima într-o măsură mai mică.

De fapt, istoria noastră tradiţională a fost supusă unor adăugiri şi amplificări, includerea legendei lui Hiram Constructorul nu numai că este ulterioară, moartea lui nefiind menţionată nicăieri.

Costumul nostru de ceremonie este doar o modificare a celui real al masonului operativ, iar cu cât ne îndepărtăm de masonul modern cu ale sale şorţ pătrat şi bavetă triunghiulară, cu atât ne apropiem de îmbrăcămintea care poate fi văzută zilnic la orice tâmplar de pe cuprinsul ţării.

Un ceremonial elaborat, compus din cuvinte şi mişcări, nu este întâlnit la nicio breaslă de meşteşugari, în forma în care îl avem noi. Este adevărat, unele ghilde au puneri în scenă misterioase, dar ritualul nostru face parte din Meşteşug. Din acest punct de vedere nu ne

---

[1] Antice texte sacre ale religiei Hindu, prin care se venerează diferite zeităţi hinduse, sunt descrise crearea Universului, genealogia zeilor şi semizeilor hinduşi, crearea primelor fiinţe umane, unele dintre texte conţinând mituri şi legende care au stat la baza formării castelor din India.

asemănăm cu nimeni din Antichitate, cu excepția Bisericii Creștine primordiale și a religiilor anterioare din Roma, Grecia și Egipt, fără îndoială.

În primele Biblii cunoscute nu există niciun indiciu despre rostirea vreunui ritual în Templu. Exista un ritual complex al ofrandelor, dar singurele formulări ritualice menționate în Pentateuh[1] sunt binecuvântarea poporului, Numerii 6: 24 și cele două fraze rostite atunci când era mutată arca, Numerii 10: 35, 36.

Nu știm în ce măsură masonii operativi din străvechime aveau un ritual; se pare că de fapt nu aveau decât o simplă ceremonie de admitere pentru ucenici, iar ceea ce avem noi în prezent este într-o mare măsură o dezvoltare ulterioară apărută din cauza influențelor speculative.

Poate că ceremonia inițierii era urmată de o alta prin care ucenicul era eliberat de angajamentele și obligațiile sale din lumea profană, iar cu siguranță masonii operativi aveau semne, cuvinte secrete și taine. Este firesc să presupunem că în ritualurile masonice din prezent s-au păstrat o parte din tradițiile din zilele Masoneriei Operative. Dar atunci când nu putem să spunem cu siguranță ce este vechi și ce este nou, textele ritualurilor nu constituie o bază sigură pentru nicio concluzie.

Așa cum este, ritualul nu păstrează decât două cuvinte arhaice, *Hele*, care se găsește în opera lui Chaucer[2] și este folosit în întreaga țară, și *Cowan*, care încă se mai utilizează în Scoția și nordul Angliei, semnificând un om care prelucrează piatra uscată, spre deosebire de zidar care lucrează cu piatră și mortar.

Dar *Cowan* era folosit în Masoneria scoțiană într-o epocă foarte timpurie, cu înțelesul de zidar, în lipsa cuvântului *mason*. Termenul *Cowan* a fost importat de Masoneria engleză prin doctorul Anderson în 1723 sau mai târziu.

---

[1] Parte a Bibliei care cuprinde primele cinci cărți ale Vechiului Testament: Geneza, Ieșirea, Leviticul, Numerii și Deuteronomul.

[2] Geoffrey Chaucer (cca 1343–1400) este unul dintre cei mai valoroși poeți englezi, considerat întemeietorul noii limbi literare engleze, autor al celebrei lucrări *The Canterbury Tales*.

Însuşi termenul de „francmason“ este un adevărat stâlp al torturii pentru cei care studiază subiectul. Originea cuvântului „mason“ poate fi germană sau latină, dar etimologia ulterioară este obscură. În orice caz, la origine acest cuvânt era pur şi simplu denumirea unei meserii şi nu avea niciun înţeles ezoteric legat de conceptul de frate sau de fiu al cuiva.

Semnificaţia exactă a termenului Franc (*free* = liber) a fost subiectul multor discuţii. Faptul că înţelesul iniţial era acela de zidar care lucra cu *piatra liberă*[1] este o explicaţie, dar una marcată de o dificultate filologică. Altă interpretare este aceea că Franc masonul era meşterul eliberat de angajamentele şi obligaţiile sale, fiind prin urmare desprins de breasla orăşenească sau de cetatea căreia îi aparţinea. Alt înţeles este acela că el nu aparţinea unei bresle a zidarilor dintr-o aşezare, era independent de ea şi de regulile sau restricţiile ei; de exemplu, era liber să călătorească şi să lucreze unde voia; sau poate că era liber de anumite restricţii impuse de cetatea sa deoarece trebuia să lucreze şi în interiorul, dar şi în afara ei.

După cum spunea dr. Chetwode Crawley:

> „Înţelesul principal trebuie să fi fost alcătuit în aşa fel încât să ofere un sens nealterat celui de-al doilea, atunci când este privit în contextul meşteşugului care i-a adăugat cuvântului cea de-a doua conotaţie.“; şi probabil ca un ulterior, dar fără îndoială comun înţeles al cuvântului Free (Franc) este de om liber al cetăţii; astfel expresia scoţiană echivalentă în Ordinul nostru, Freeman mason, nu pare a avea şi alte înţelesuri. Dar „există numeroase dovezi că de-a lungul timpului francmasonii au fost priviţi ca făcând parte dintr-o clasă specială de oameni înzestraţi cu o măiestrie deosebită, al căror meşteşug era foarte bine definit, iar acest meşteşug a primit numele de Francmasonerie“ (Speth).

---

[1] Termen ce desemnează o piatră capabilă de dăltuire fină şi fasonare, care trebuia să aibă anumite calităţi pentru a nu se ciobi ori crăpa, în general calcar sau gresie.

Şi atunci când am întâlnit pentru prima dată denumirea de francmason, aceasta avea înţelesul de meşter de înaltă clasă, semnificaţie care presupunea şi un câştig pe măsură.

Termenul folosit în secolul al XVII-lea pentru masonii neoperativi era acela de „Acceptaţi", iar utilizarea în prezent a sintagmei „Liberi şi Acceptaţi", în opoziţie cu „operativi", se datorează probabil unei confuzii şi unei idei cu care ne-am întâlnit anterior, aceea că francmasonul din Evul Mediu nu era un lucrător supus rigorilor unui statut.

Forma ritualului în diferitele grade este diferită de cea folosită la închiderea şi la deschiderea lucrărilor lojii, unde ia forma unui dialog care repetă anumite reguli referitoare la ordine şi se încheie cu o invocare. Dialogurile ceremoniale apar frecvent în ritualurile diferitelor culte, antice şi moderne deopotrivă. Dar la masonii medievali nu exista nicio urmă a unei ceremonii, adevărat fiind faptul că este vorba despre adunările ţinute în prezenţa unor persoane din afara Ordinului.

În mod similar, găsim în ritual influenţe semnificative referitor la adorarea Soarelui şi despre afecţiunea pentru Treime, comparabile doar cu cele ale egiptenilor din Antichitate, dar asta nu ne îndreptăţeşte să credem că Masoneria era răspândită în rândul druizilor – aşa cum presupune Preston – sau că în Marea Piramidă se ţineau lucrările unei loji acoperite, după cum s-a afirmat.

Ca un exemplu al unei schimbări care evident s-a produs târziu, în prezent avem credinţa strictă într-un singur Dumnezeu; Vechile Rânduieli încep prin invocarea Treimii, iar *Regius Poem* prin invocarea Fecioarei. Acesta conţine de asemenea un lung pasaj în onoarea Quatuor Coronati, martirii romani. Aici a intervenit în mod clar o schimbare, în timpuri care pot fi considerate moderne, undeva puţin după 1717.

Referitor la ritualul masonic, simbolismul şi învăţăturile noastre despre morală, nu putem să ne bazăm nicio deducţie pe ce avem în prezent, deoarece nu ştim nimic despre ce s-a făcut sau nu în anii 1400.

Uneltele pe care le folosim astăzi vin din timpuri imemoriale. În Isaia 44:13 se menţionează compasul şi rigla, făcându-se o aluzie la sfoară ca instrument de măsură. Dar în timp ce la autorii clasici chinezi poate fi găsită o lecție de moralitate dedusă din caracteristicile echerului și compasului, în Vechile Rânduieli nu există așa ceva.

Cu toate acestea, uneltele se află printre emblemele Quatuor Coronati, așa cum apare în primele cărți de rugăciuni, și sunt vizibile pe mormintele masonilor din toate timpurile. În urmă cu foarte mulți ani, la podul Baal din Dublin a fost găsit un echer pe care este scris anul 1507 și care poartă următoarea inscripție:

> „Mă voi strădui să trăiesc cu iubire și devotament, urmând nivela și respectând echerul."

Existența unui anumit fel de învățături morale, în epoca operativă, este foarte probabilă. Dar faptul că filozoful chinez Mencius, care a trăit în secolul al III-lea î.Hr, a folosit aceeași idee, nu constituie o bază pentru a susține că în urmă cu 2 000 de ani existau masoni în Imperiul Celest.

Nu s-a rezistat întotdeauna acestei tentații, asemenea deducții făcându-se ca urmare a descoperirii unor reprezentări ale uneltelor masonice în catacombele Romei, care au fost considerate dovezi ale originii romane a Masoneriei.

În mod asemănător, propovăduirea dragostei pentru aproapele tău este o doctrină larg răspândită. Este întâlnită la arabi și la beduini, din ea derivând credința lor în datoria de a-și proteja semenii. Ahab a acceptat să-i cruțe viața lui Benhadad, în Cartea a treia a Regilor 20, admițând argumentul că acesta, fiind un seamăn, este drept urmare și un frate. Dar ar fi pripit să afirmăm că acest episod indică existența unui fenomen asemănător Masoneriei în epoca regilor Israelului. Dar, la triburile din deșert este cunoscută de mult tradiția Dakhiel, care ne amintește într-un fel de Frăție, dar asta este tot.

Situația moralității este asemănătoare celei a simbolismului nostru. Tendința de a simboliza este universală, iar în ceea ce privește simbolurile în sine, ele provin din tot arealul Antichității. Ermeticii folosesc multe dintre ele, inclusiv echerul și compasul. Dar foarte puțin poate fi bazat pe faptul că respectivele simboluri erau utilizate de mai multe organizații. Fără îndoială, acest lucru poate sugera că o societate a influențat-o pe cealaltă sau a împrumutat de la ea. Dar chiar și o astfel de presupunere trebuie să fie în concordanță cu informațiile concrete pe care le avem despre istoria respectivelor societăți, iar presupunerea în sine nu poate niciodată să demonstreze existența unei filiații între ele.

Nu ne rămâne decât să abordăm ultimul subiect, respectiv secretele operative, despre care eu spun că este inutil să încercăm să le identificăm. Practic, știm că după secolul al X-lea au început să fie înălțate clădiri în tot nord-vestul Europei, clădiri tot mai complexe care au determinat și dezvoltarea cunoștințelor despre structurile de rezistență în construcții. Aceste edificii au fost ridicate de oameni care nu cunoșteau aritmetica din simplul motiv că încă nu fusese introdusă în Europa. Ei trebuie să fi avut un set de reguli empirice pentru proiectarea structurilor de rezistență și să fi cunoscut cel puțin proprietățile geometrice ale pătratului și cercului. Arcele și bolțile construite de ei au fost realizate numai datorită unor reguli tainice cunoscute de Maeștri. S-a constatat că până și planurile de amplasament și elevațiile erau realizate prin folosirea pentagoanelor și hexagoanelor obișnuite. În orice caz, studierea edificiilor înălțate în acele timpuri demonstrează că masonii din secolul al XI-lea aveau considerabile cunoștințe practice în domeniul geometriei.

Fără îndoială, această cunoaștere a început să se dezvolte în Alexandria, în epoca lui Thales și Pitagora, respectiv înainte de anul 400 î.Hr. Drept urmare, afirmația potrivit căreia la început Ordinul nostru și-a obținut secretele operative din Egipt, prin intermediul lucrătorilor fenicieni, romani sau galezi, pare destul de realistă. Ne putem imagina cu câtă înverșunare acești lucrători, membri ai frățiilor masonice, își păzeau secretele meșteșugului, aflându-se la sute de kilometri depărtare de casă pentru a construi catedrale sau castele unor semibarbari. Cu toate acestea, nu putem să spunem că Masoneria Operativă a fost la origine feniciană sau egipteană.

În concluzie, după toate cele spuse până acum putem afirma cu certitudine că originile noastre nu trebuie căutate înainte de apariția ghildelor de constructori din Europa medievală. În capitolele următoare vom prezenta argumente pentru a micșora și mai mult aria de investigație, chiar dacă știm sigur că pentru mulți dintre frați aceasta va părea o serioasă diminuare a vechimii Ordinului nostru.

II

COLEGIILE ȘI GHILDELE

Cu un secol în urmă, atunci când scriitorii masoni nu țineau cont de faptele istorice, într-o perioadă în care dificilul subiect al ghildelor era cu siguranță bine cunoscut, se pare că impresia generală era că ghildele medievale își aveau originea în Roma antică. Mai mult, se considera că lojile masonice urmau constituția Colegiilor Romane, cu toate că era clar că funcționau după modelul breslelor de meșteșugari. Această presupunere a generat credința că Masoneria are origini romane, fără a se ține cont de faptul că în Vechile Rânduieli nu se menționează nimic în acest sens. Ca argument suplimentar, s-a considerat suficientă existența organizației Collegium Fabrorum[1].

Finlayson, în cartea sa despre legendele Ordinului, amintește despre o pardoseală de mozaic descoperită la Pompei, pe care nu ezită să o considere a fi podeaua unei loji masonice, deoarece prezintă într-un mod simbolic un craniu și un fir cu plumb. Dar acest mozaic mai conține și un fluture, o roată, o grindă, ranița unui soldat, bocceaua unui

---

[1] Frăție antică alcătuită din arhitecți și constructori romani, care a înflorit în timpul expansiunii Imperiului. S-a răspândit în aproape toate provinciile cucerite, dar în principal în nordul Italiei, Galia și Britannia, unde membrii ei au transmis către populațiile locale arta construcțiilor și spiritul conlucrării fraterne.

cerşetor şi alte simboluri evidente ale vieţii, morţii, norocului, sufletului şi aşa mai departe.

Mă tem că acesta este încă un argument pentru respingerea ideii privind originile romane ale Masoneriei şi acceptarea faptului că nu există baze pentru a considera că ea a existat înainte de apariţia breslelor de meşteşugari.

Oricum, ar fi mult mai indicat să dezbatem în detaliu subiectul colegiilor şi ghildelor, ceea ce vom face pe parcursul acestui capitol.

Ca să începem cu colegiile, aflăm că ele sunt la fel de vechi ca însăşi Roma, iar în zilele dinaintea Imperiului puteau fi întâlnite în cadrul unor diverse structuri sociale.

Acestea erau:

(a) Guvernare publică sau administraţie municipală.
(b) Ordine religioase precum Vestalele Virgine.
(c) Anumite asociaţii de mărunţi slujbaşi publici.
(d) Grupări de neguţători. Exista şi un alt gen de instituţii asemănătoare care se numeau Societates; acestea includeau:
(e) Structuri foarte asemănătoare cluburilor moderne; multe dintre ele au dobândit ulterior un caracter politic.
(f) Societăţi de binefacere; unele erau deschise pentru sclavi, care aveau voie să fie membri doar într-una singură; altele purtau denumirea uneia dintre zeităţile cărora li se dedicaseră temple; dar de fapt scopul lor era mai degrabă acela al unei firme de pompe funebre din ziua de azi, iar copiii membrilor decedaţi se bucurau de ajutorul lor.

Regula „Cu trei se face un colegiu" este de interes pentru noi, chiar dacă nu este decât o coincidenţă. Colegiile erau împărţite – la fel ca şi armata – în grupuri de zeci şi de sute, conduse de un Maestru ajutat de decurioni, precum şi de alţi ofiţeri.

Decurionii sunt echivalentul Supraveghetorilor din ziua de azi, dar numai din cauză că ei erau ofiţerii cei mai apropiaţi de Maestru.

Cuvântul *deacon* vine din latina ecleziastică, este de origine greacă şi înseamnă „servitor". A fost confundat cu *decanus* sau *decan,* care desemnează conducătorul unui grup de zece oameni. Dar în loja masonică modernă, diaconul este un ofiţer junior, care în principal are atribuţii de asistent, iar denumirea de *Warden* (Supraveghetor) este fără îndoială de origine engleză, la fel ca şi *Guardian,* supraveghetorul fiind un ofiţer al ghildei; de fapt, breslele britanice aveau, la fel ca noi, un Maestru şi Supraveghetori.

În acelaşi timp, în vremurile operative masonul care prezida lucrările lojii era frecvent numit Supraveghetor, nu Maestru, situaţie care s-a perpetuat până târziu, în vremea lui Ashmole[1]. În loja din Edinburgh, ofiţerul care prezida era numit Diacon. De fapt, afirmaţia potrivit căreia constituţia noastră este cea a Colegiilor Romane poate fi considerată adevărată doar într-un sens atât de vag şi de general încât niciun argument nu poate fi bazat pe ea.

Din nefericire, cu excepţia acestor reguli generale nu avem niciun detaliu despre breslele meşteşugăreşti romane, dar ştim mai multe despre ceea ce eu numesc Societăţile de Binefacere. Se ştie că în cadrul Colegiilor Romane fiecare candidat depunea un jurământ specific colegiului respectiv, iar membrii lor foloseau între ei apelativul „frate".

A patra clasă de colegii era întotdeauna locală. Atunci când în perioada Imperiului sistemul s-a extins către provincii, în fiecare oraş procesul a fost acelaşi. Meşteşugarii locali, sau locuitorii în general, se constituiau în grupuri şi cereau aprobarea autorităţilor să formeze colegii, ceea ce îi situa pe picior de egalitate cu oricare alt colegiu, ei fiind însă independenţi.

Sistemul s-a extins, dar între grupuri nu exista nicio coordonare. Nu exista nicio autoritate centrală a colegiilor, alta decât împăratul sau proconsulul. Prin însăşi natura lor, ele nu presupuneau ca unii

---

[1] Elias Ashmole (1617–1692), un foarte apreciat anticar, politician, ofiţer, astrolog, alchimist şi colecţionar englez.Unul dintre fondatorii Societăţii Regale, a donat Universităţii din Oxford cărţile, manuscrisele vechi şi colecţiile sale de curiozităţi şi artefacte, constituind astfel The Ashmolean Museum.

dintre ei să fie meşteşugari itineranţi, din această cauză neexistând nici rânduieli specifice pentru acest gen de membri.

Colegiile erau de multe ori asociaţii formate din mai multe meserii. Collegia Fabrorum, din păcate pentru scriitorii care au susţinut originea noastră romană, includea toate meşteşugurile tehnice, mai puţin arhitectura. Nu exista niciun Colegiu al Masonilor adresat exclusiv acestei meserii. Meşteşugul construcţiilor – la fel ca în India – era transmis din tată în fiu. Dar aspectul cel mai important este că aceste colegii erau asociaţii sociale sau ocupaţionale constituite pentru a se adresa nevoilor urbei sau pentru a sprijini activităţile meşteşugăreşti dintr-un anumit oraş.

Este adevărat că majoritatea aveau şi o latură religioasă, iar în anumite cazuri organizau şi banchete. Dar nu avem nicio bază pentru a presupune că aveau ceremonii ezoterice sau secrete ori că ar fi deţinut anumite legende. Până la urmă, chiar denumirea lor indică scopul acestor asociaţii. Ele erau formate din persoane care se supuneau aceloraşi reglementări sociale, aveau aceeaşi religie sau aceeaşi meserie.

Dovezile istorice ne arată că breslele nu au existat înainte de Evul Mediu, chiar dacă este sigur că se asemănau foarte mult cu Colegiile Romane, care au dispărut odată cu Imperiul Roman. Colegiile sunt menţionate în Pandectele[1] lui Iustinian din anul 565 d.Hr., texte care totuşi sunt un produs al Imperiului Roman de Răsărit (mai puţin relevante asupra istoriei vestului Europei – n.a.) Despre supravieţuirea Colegiilor s-a scris şi în nişte documente găsite la Napoli, întocmite la câţiva ani după Pandectele lui Iustinian.

Dar principala distincţie dintre ghilde şi colegii rezidă în locul şi perioada de timp în care au existat. Este corect să spunem că până în anul 500, cel târziu 600, au funcţionat colegiile, iar după anul 800 au apărut ghildele, între ele neexistând nimic.

---

[1] *Pandectele* sau *Digestele* lui Iustinian sunt o compilaţie de comentarii ale unor importanţi jurişti romani, majoritatea din secolele al II-lea şi al III-lea. Împreună cu *Codex Justinianus*, *Institutiones* şi *Novellae* au fost adunate, formând un ansamblu de colecţii de legi romane fundamentale, denumite ulterior *Corpus iuris civilis* (*Colecţia de drept civil*), creând astfel o formă coerentă şi completă a dreptului roman.

În timp ce Colegiile Romane au fost întâlnite ultima dată în Italia, ghildele au apărut inițial în țările germanice, de unde s-au răspândit spre sud. Denumirea de ghildă poate să indice o contribuție în bani, indicând faptul că membrii lor participau la strângerea unui fond comun, dar mai probabil desemnează un sacrificiu sau adorarea unui zeu. Toate aceste acțiuni au caracter social și arată existența unei comunități. Ar putea chiar să presupună ospețe comune. În orice caz, cuvântul ghildă este fără îndoială de origine teutonică.

În absența unor dovezi care să demonstreze continuitatea existenței între colegii și ghilde, teoria originii romane a breslelor nu poate fi acceptată. L.O. Pike[1], după ce a împărțit ghildele în trei categorii (cetățenești, religioase și negustorești/meșteșugărești), a spus:

„Sursa întregului sistem al breslelor rămâne incertă. Dintr-un punct de vedere, modul lor de organizare seamănă foarte mult cu legăturile de familie din rândurile germanicilor și ale altor triburi barbare. Privite altfel, par a fi o formă de întrajutorare care implică un principiu prea universal ca să poată fi atribuit doar unui grup de oameni. Din al treilea punct de vedere, este foarte posibil ca organizații de felul colegiilor sau companiilor romane, despre care știm din inscripții că au existat în Britannia în timpul ocupației romane, să fi funcționat acolo sub forma ghildelor religioase și a celor meșteșugărești.

Într-adevăr, este posibil să elaborăm un argument foarte plauzibil pentru dezvoltarea întregului sistem al breslelor în afara instituțiilor romane, mai degrabă decât în afara legăturilor de familie din cadrul comunităților germanice.

Aceasta s-ar fi putut întâmpla prin două procese distincte: fie prin tradiții ale vechilor locuitori romani ai Britanniei, fie prin intermediul

---

[1] Luke Owen Pike (1835–1915), avocat, cercetător istoric și scriitor englez. A contribuit timp de peste 25 de ani la traducerea unor manuscrise din timpul domniei lui Edward al III-lea (1312–1377), incluse în colecția de cronici medievale engleze *The Chronicles and Memorials of Great Britain and Ireland during the Middle Ages,* scrisă între 1858 și 1911, alcătuită din 253 de volume.

misionarilor romani veniţi să reintroducă religia creştină în acea parte a Britanniei care devenise Anglia păgână. Cel de-al doilea proces ar veni pe de-a-ntregul în sprijinul ipotezei privind existenţa ghildelor în anumite părţi ale Germaniei care nu au fost niciodată cucerite de romani.

Cu toate acestea, natura omului, civilizat sau barbar, grec, roman sau germanic, are în comun instinctul socialului, iar grava eroare istorică de a atribui unei rase, ţări sau limbi ceea ce aparţine întregii umanităţi ar trebui, cel puţin aici, să nu fie repetată. Adevărul este că sistemul breslelor a existat şi înainte şi după cucerirea normandă a Britanniei, dar nu există dovezi istorice privind începuturile sale."

Cu toate că ultima frază citată este adevărată, găsim dovezi istorice despre sistemul ghildelor cu mult înainte de cucerirea normandă, iar ordinea în care diferitele forme de bresle s-au dezvoltat este cunoscută destul de bine.

În primul rând, avem obiceiul tribal al adunărilor şi banchetelor, organizate în cadrul familiei cu ocazia fiecărui eveniment familial, iar în cadrul tribului la fiecare sacrificiu religios sau aniversare comună. Această practică a dezvoltat în mod natural obiceiul ca la asemenea ocazii membrii comunităţii să facă promisiuni solemne, să dezbată problemele grupului ori să încheie alianţe defensive sau ofensive, după caz.

Cuvântul *Gild* (ghildă), în sensul său de ospăţ sacrificial, este o denumire potrivită. Atunci când orânduirea statală nu asigura protecţia necesară supuşilor săi, aceste adunări s-au transformat în Frith Gilds, sau ghilde cetăţeneşti, care erau asocieri ale membrilor unei aşezări. Ele aveau ca principiu asumarea de către toţi membrii a responsabilităţii pentru faptele oricăruia dintre ei, dar şi asigurarea protecţiei pentru fiecare locuitor al cetăţii. Este evident că niciun cetăţean al respectivei aşezări nu putea să rămână în afara unei asemenea organizaţii.

Dezvoltarea ulterioară a breslelor a fost influențată de Biserică. Dr. Gross[1] spune:

„Influențată de ideea fraternității dintre oameni, în mod natural Biserica a sprijinit breslele în perioada lor de început și a încercat să elimine obiceiul păgân al banchetelor. Cu toate acestea, acțiunile sale au fost determinate mai mult de dorința de a influența decât de creativitate. Ghildele erau manifestarea naturală a instinctului de asociere, caracteristic ființei umane."

În același fel, ca o manifestare distinctă a dezvoltării legăturilor de familie, avem ghildele religioase, care merită să fie studiate mai în detaliu. Le găsim ajunse la apogeu în Anglia saxonă.

Existența în Anglia a unor forme incipiente de bresle rezultă în mod indirect din unele pravile date de Ina (688–725) și Alfred (871–901).

Din punct de vedere al evoluției breslelor, Anglia era mult avansată față de restul continentului. Breslele religioase nu participau direct la menținerea ordinii și păstrarea liniștii sau la treburile obștești ale burgului. În orașe acest lucru era asigurat de o ramură a ghildei cetățenești, care a devenit o breaslă a întregii așezări.

Proprietarii de drept ai terenurilor pe care era situată cetatea erau locuitorii care o întemeiaseră și doar ei erau adevărații cetățeni și oameni liberi. Pentru a se apăra de nobilii din vecinătate, de agresiunea episcopilor sau pentru a lupta împotriva tâlharilor și a invadatorilor, aceștia au format încă de la începuturi ghilde cetățenești care aparțineau întregii așezări. În Anglia saxonă găsim dovezi în acest sens la Canterbury și Dover. Astfel de bresle mai întâlnim în nordul Franței, la Mans în 1070 și la Cambrai în 1076, precum și în Germania.

Deoarece fiecare frate dintr-o ghildă practica o meserie, în mod natural grupul respectiv s-a orientat și spre susținerea intereselor materiale

---

[1] Joseph B. Gross (1803–1891), reverend, autor al unor lucrări despre religie, printre care *The Heathen Religion in its Popular and Symbolical Development* – 1856, citată de Albert G. Mackey în *The Symbolism of Freemasonry.*

ale membrilor săi. Ghildele de meşteşugari şi neguţători s-au dezvoltat pe tot cuprinsul regiunilor din Europa locuite de popoarele germanice, iar toţi locuitorii unei aşezări trebuiau să facă parte din ele. Aceste bresle controlau comerţul cetăţii, protejându-şi deopotrivă şi cetăţenii.

Dar de-a lungul timpului situaţia s-a schimbat. Găsim ghildele transformate într-o aristocraţie a cetăţenilor, iar dreptul de a fi membru devine ereditar. În acelaşi timp, numărul meşteşugarilor creştea prin sosirea unor lucrători care nu erau iobagi sau robi, pentru că fuseseră eliberaţi sau fugiseră de la stăpânii lor, şi locuiseră suficient în cetate ca să aibă dreptul de a deveni oameni liberi. Din cauză că nu erau primiţi în rândul breslelor existente, au început să îşi formeze propriile ghilde.

Aşa cum primele organizaţii de cetăţeni şi de meşteşugari fuseseră respinse pe tot continentul de nobilime şi chiar de regi, membrii îmbogăţiţi ai breslelor vechi s-au opus dezvoltării noilor ghilde de meşteşugari. Cu toate acestea, ele au continuat să crească, ajungându-se ca în anul 1375 la Londra să se producă transferul administrării oraşului de la reprezentanţii vechilor ghilde (ale întemeietorilor cetăţii) la noile companii ale meşteşugarilor şi negustorilor. În vechea orânduire, nimeni nu putea beneficia de libertatea oferită de oraş dacă nu era membru al unei ghilde vechi sau al unei organizaţii de tip „Mistere“.[1]

În fiecare oraş, prin natura ei, o ghildă de meşteşugari deţinea întotdeauna monopolul asupra meseriei pe care o reprezenta. Dar, judecând după originile sale, era preocupată în primul rând de bunul mers al profesiei membrilor săi şi, cu toate că se implica în viaţa religioasă a comunităţii, nu participa şi la păstrarea ordinii publice.

Dr. Gross spune:

> „În Anglia secolului al XIV-lea, fiecare activitate lucrativă din marile oraşe avea breasla sa.“
>
> [Cred totuşi că această afirmaţie este puţin forţată.]

[1] Societăţi secrete caracterizate prin forme fixe de iniţiere, etape succesive de învăţătură (sau grade), jurăminte de păstrare a secretului, un sistem de învăţare bazat pe simboluri, folosirea de embleme, semne şi cuvinte de recunoaştere.

Se emiteau decrete prin care se reglementau orele de lucru și condițiile de admitere în ghildă, inclusiv ucenicia. Alte decrete dispuneau membrilor să contribuie periodic la rezerva bănească a breslei și să participe la anumite evenimente religioase, festivități sau procesiuni.

Dar preocuparea pentru meșteșug era întotdeauna mai presus de aspectele sociale și religioase. Principalele obiective erau supravegherea manufacturării și menținerea monopolului asupra producției și comerțului legate de o anumită activitate lucrativă.

În Anglia, găsim la Coventry, Chester, York și Newcastle o serie de reprezentații teatrale medievale care erau organizate anual de ghildele meșteșugarilor, respectiva tradiție fiind mult mai larg răspândită, fără îndoială. Acestor drame teatrale medievale le datorăm păstrarea primelor dovezi despre breslele zidarilor (masonilor) din provinciile engleze. Le găsim la York în anul 1350 și la Chester în 1327. Însă, în aceste piese jucate de zidari nu se face nicio referire la legendele masonice sau la istorisirile din ritualurile noastre, sau la orice altceva legat de Masonerie, ele fiind doar redarea unor episoade din Biblie.

Dezvoltarea breslelor pe continent urmează aceleași direcții ca și în Anglia, cu excepția faptului că nobilimea și monarhii li s-au opus cu mult mai multă înverșunare. În Franța întâlnim o formă specială de breaslă (a masonilor operativi) în rândul Confreriei, fiind o anexă a ghildei meșteșugarilor. Luată în întregime, ghilda aparținea unei fraternități religioase, avea un altar și organiza periodic întâlniri pentru rugăciuni și banchete.

În Anglia, breslele religioase sau sociale erau independente de orice meserie lucrativă și de obicei nu aveau restricții pentru admiterea de noi membri.

Acestea se găseau în Anglia saxonă, primele două cunoscute fiind la Abbotsbury și Exeter în prima jumătate a secolului al XI-lea, continuând să existe până în vremea Reformei[1], toate fiind asemănătoare ca organizare și obiective.

---

[1] Reforma protestantă din Anglia (parte a unui proces de reformare a Bisericii Romano-Catolice din Europa Occidentală) a fost o mișcare din secolul al XVI-lea prin care Biserica engleză s-a desprins de sub autoritatea Papei și a Bisericii Catolice.

Aveau ca trăsături comune asigurarea lumânărilor necesare pentru biserică, trebuiau să se roage pentru cei morți, să participe la înmormântările fraților din breaslă, organizau agape periodice, îi amendau pe cei care își neglijau îndatoririle, refuzau să accepte sarcini sau se purtau necorespunzător. Membrii trebuiau să contribuie la fondurile comune ale breslei și să se ajute între ei atunci când era nevoie, organizând periodic întâlniri la locul de adunare al ghildei.

Aveau un jurământ solemn depus la primirea în breaslă, iar la toate exista obligația de a nu dezvălui nimănui informații despre lucrările ghildei. În cele mai multe cazuri, aveau o vestimentație specifică.

Oficialii breslei cuprindeau un Staroste sau Dregător, Supraveghetori și Servanți, un Diacon sau Ușier și un Secretar. Aceștia erau aleși anual. La unele bresle exista și un comitet.

Membrii respectivelor bresle erau considerați frați sau surori, după caz. Ei își făceau propriile reglementări, având tot dreptul în acest sens; nu aveau nevoie de aprobări de la nicio dregătorie sau de patentă de la rege.

Însă, dacă voiau să dețină pământuri, trebuiau să obțină o *Licence in Mortmain*[1]. În anul 1389 s-au retras hrisoave de înființare, drepturi de proprietate, de folosire etc. de la toate breslele, religioase și comerciale deopotrivă, majoritatea acestor documente aflându-se la Public Record Office.

Ghildele religioase nu aveau restricții în privința admiterii de noi membri, după cum spune Chaucer:

„Un ceaprazar și un tâmplar,
un țesător, un boiangiu și-un tapițer
toți înveșmântați în straiele
unei solemne și mărețe Frății.“

---

[1] Termen legal care descrie dreptul perpetuu și inalienabil de proprietate asupra unor pământuri, protejând proprietarul împotriva preluării pământurilor de stăpânul feudal al ținutului, în caz de deces fără moștenitori.

În mod sigur țesătorul făcea parte dintr-o breaslă distinctă a țesătorilor, dar oricum toți cei menționați erau membri ai unei ghilde religioase. De fapt, se știe că erau bresle ale meșteșugarilor care își ajutau frații să meargă în pelerinaj.

În cazul breslelor de meșteșugari, trebuie făcute două observații. Erau destinate doar celor care aveau meseria respectivă, iar hotărârile care se luau în cadrul breslei erau legate doar de aspecte ale profesiei. Structura lor generală a fost deja prezentată.

În același timp, avem o altă observație care are o valoare foarte importantă pentru Masonerie, aceea că membrii respectivelor bresle erau împărțiți în categorii, respectiv ucenici, calfe și meșteri, iar în cadrul breslei se folosea termenul de Maestru.

Titlul conducătorului lojii era acela de Maestru și nu de Staroste, avea ca ajutoare Supraveghetori și uneori Asistenți, sau un consiliu al breslei alcătuit din membri care dețimuseră funcții în lojă; este interesant pentru noi faptul că la negustorii de stofe din Londra anului 1479 consiliul breslei era denumit Adunare. Termenul de Maestru era folosit și pentru a desemna un membru al breslei care lua pe lângă el un ucenic pentru a-l învăța tainele meșteșugului.

Singurele persoane care puteau deveni *Freeman*[1] erau cele care învățaseră bine meșteșugul în timpul uceniciei și nu aveau nicio îndatorire sau obligație în afara breslei. Exista o sancțiune pentru primirea ca ucenic a unui tânăr fără ca acesta să fie inițiat ca atare, iar inițierile se făceau în mod oficial numai la adunările breslei. Cei care cunoșteau meșteșugul, dar nu trecuseră prin perioada de ucenicie în cadrul breslei, erau numiți *Journeymen* (meseriași itineranți) sau Servanți. Breslașii puteau să-i angajeze, dar trebuiau să-i înregistreze în catastifele ghildei; ulterior, dacă nu erau angajați de un membru al breslei nu puteau să lucreze. În Exeter, lucrătorii din această clasă erau numiți cusători independenți, în evidențele Breslei Croitorilor.

---

[1] Locuitor al unui burg medieval, liber de servituțile feudale, care practica neîngrădit o meserie într-o breaslă de meșteșugari din cadrul așezării unde trăia.

Atunci când un lucrător devenea *Freeman*, trebuia să plătească o taxă pentru admiterea în breaslă, conform rânduielilor.

Atunci când un *Freeman* lua pe lângă el un ucenic, se spunea că el este Maestrul respectivului, iar unui ofițer din breaslă care avea acest titlu i se spunea Maestru al meșteșugului sau al negoțului, după caz.

Mai exista și un alt înțeles pentru respectivul termen, acela de supraveghetor. În Bristol, Maeștrii mai erau și patru membri ai breslei, aleși anual, care aveau ca sarcină verificarea calității produselor manufacturate, dar la Exeter această activitate revenea Supraveghetorilor breslei.

Ucenicii care își îndepliniseră stagiul de ucenicie, despre care se spunea că „au drept de admitere în breaslă", în anumite cazuri nu puteau deveni *Freeman* dacă nu aveau o oarecare avere. Din această cauză, exista o clasă intermediară de „meșteri fără surtuc" (care nu puteau să poarte uniforma breslei), dar care totuși trebuiau să verse o taxă anuală în vistieria ghildei.

Meseriașii itineranți aveau dreptul să angajeze supraveghetori care să-i reprezinte în anumite situații. Oricum, aceștia nu erau pe picior de egalitate cu supraveghetorii care reprezentau un *Freeman*. Existau și restricții asupra numărului de ucenici sau de slujitori pe care putea să-i aibă un breslaș. În general, nu putea să aibă mai mult de un ucenic, iar câteodată niciunul, dacă nu avea un anumit prestigiu în ghildă.

Masoneria a existat inițial sub forma unei ghilde de meșteșugari, după cum rezultă din primele reglementări cunoscute. În Cooke MS[1] probabil că se află chiar primele rânduieli de funcționare ale Frăției noastre, referitoare la aspecte strict operative, care nu sunt chiar identice cu regulile altor bresle despre care există documente similare.

Despre ghildele masonilor, în cele mai vechi izvoare istorice se vorbește despre ofițerii din lojă și se amintește de ucenici, calfe și maeștri, calfa de la noi fiind echivalentul unui *Freeman* de la alte bresle.

---

[1] Document scris în jurul anului 1450, publicat la Londra în 1861 și redactat de Matthew Cooke, de la care îi vine și numele. Este o transcriere a unor texte mai vechi care prezintă aspecte ale istoriei Masoneriei și o versiune a Vechilor Rânduieli. O parte din această lucrare a fost preluată de Anderson în *Constituțiile* scrise la 1723.

De asemenea, avem referiri și la companioni, o categorie asemănătoare calfelor. Avem și jurământul de primire într-o ghildă religioasă, precum și obligația de păstrare a secretelor, amintită în *Poemul Regius*. Cuvântul *Free* din titulatura noastră (*Freemasons*) poate avea sau nu aceeași semnificație cu *Freeman*, dar cel mai probabil este că indică o anumită legătură cu ghildele și decretele lor, fiind posibil ca într-o anumită perioadă istorică să fi desemnat un mason (operativ), care fie nu aparținea unei bresle, fie era liber de a nu respecta anumite legi sau reguli ale timpurilor.

Dacă ne gândim la asemănările pe care le avem cu Colegiile Romane, vom constata că ele sunt următoarele: aceleași rânduieli pentru toți, o rezervă de bani comună, un sistem de conducere, un jurământ depus la inițiere de fiecare candidat și utilizarea apelativului „frate" între membri.

Fiecare dintre aceste puncte poate fi găsit la oricare dintre bresle, indiferent de categoria lor, iar presupunerea conform căreia Masoneria descinde din Colegiile Romane nu poate fi bazată pe ele. Existența noastră poate fi explicată și fără a invoca o legătură cu organizațiile romane; de altfel, demonstrarea acestui lucru s-ar lovi de multe dificultăți din punct de vedere istoric.

Masoneria engleză este menționată pentru prima dată în izvoarele istorice în jurul anului 1400. Dacă ar fi de descendență romană, aceasta s-ar fi putut întâmpla în două feluri: fie prin menținerea instituțiilor romano-britanice până în timpurile saxone, fie printr-o aducere foarte timpurie în Anglia a unor organizații asemănătoare, după al căror model să se fi format breslele engleze. Firește că au existat Colegii Romane în Britannia, dar niciun Colegiu de masoni (operativi), iar după cum s-a arătat deja, între Colegiile Romane și Ordinul nostru nu există nicio asemănare remarcabilă. Cu ocazia săpăturilor arheologice de la vilele romane se descoperă ocazional pardoseli ornamentate cu desene simbolice, fiind posibil ca unora dintre ele să li se atribuie semnificații masonice. Dar asemenea descoperiri nu pot în sine constitui dovezi ale existenței Masoneriei în Britannia romană, indiferent unde sunt făcute. Tot ceea ce se poate spune în aceste cazuri este că primele civilizații umane foloseau o parte din simbolurile noastre, a căror semnificație este suficient de evidentă, de altfel.

Ar trebui poate amintită Chichester Stone, despre care s-a presupus că dovedește existența Masoneriei în Britannia din timpul ocupației romane. Piatra a fost găsită în 1720 cu prilejul săpării unor fundații, în apropierea unui templu. În inscripția de pe ea se spune că lăcașul de cult era închinat lui Neptun și Minervei, se amintește că Pudens[1] a donat terenul și că mai multe persoane au dat banii necesari construirii templului, printre care și membri ai Collegium Fabrorum, organizație despre care am amintit deja și știm că includea toate meșteșugurile mecanice ale timpului.

Localitatea Rook's Hill din apropiere de Goodwood are sau avea în 1730 o tradiție masonică despre existența unei loji constituite în timpul domniei lui Iulius Caesar, ea întrunindu-se o dată pe an, în ziua de marți a Săptămânii Paștelui. Dar această tradiție nu se poate referi decât la o lojă operativă reală (medievală), deoarece, în mod evident, sărbătoarea Paștelui nu exista în timpurile lui Iulius Caesar. Oricum, dacă vorbim despre o lojă operativă, o poveste veche din secolul al XVIII-lea despre așa-zisele sale origini romane nu are nicio valoare istorică.

Pike, scriind despre ghilde, sugerează că în Britannia colegiile s-ar fi putut menține până în timpurile saxone. În același timp, Freeman[2] considera că anglii și saxonii ar fi măturat toate rămășițele civilizației romane și că toate instituțiile engleze dinainte de Cucerire[3] ar fi fost de sorginte germanică. Această chestiune va fi abordată în detaliu în capitolul următor. În orice caz, după cum am văzut, ghildele engleze nu datorează

---

[1] „Pudens, fiu al lui Pudentinus", cum stă scris pe Chichester Stone. Se pare că a fost adjunctul lui Aulus Plautius, comandant al armatei romane din Britannia și primul guvernator al provinciei, între anii 43 și 47.

[2] Edward Augustus Freeman (1823–1892), politician, jurnalist și istoric englez, autor a 239 de lucrări, cea mai cunoscută fiind *The History of the Norman Conquest*, publicată în 15 volume între 1867 și 1876.

[3] Cucerirea Angliei de către William Cuceritorul în secolul al XI-lea, în fruntea unei armate formate din soldați normanzi, bretoni și francezi.

nimic Romei. De fapt, sistemul administrativ danez și saxon *hundreds and tithings*[1] era întemeiat pe principiul care stătea la baza Frithgild (ghildele cetățenești), respectiv jurământul Frank, prin care fiecare persoană dintr-un *tithing* își asuma responsabilitatea pentru buna purtare a celorlalți. Nu există nicio urmă de influență romană în acest sistem.

Pe de altă parte, Pike susține că misionarii romani veniți să răspândească creștinismul au contribuit și la propagarea instituțiilor de origine romană. Ei ar fi constituit de fapt primele contacte ale Angliei cu civilizația romană și estică, după declinul Imperiului Roman, iar asta s-ar fi produs în vremurile Sfântului Augustin, în anul 596. Totuși, să nu uităm că la acea dată Colegiile dispăruseră de mult, iar legendele masonice spun că Masoneria a ajuns în Anglia două secole mai târziu, în vremea lui Carol Martel.

În consecință, indiferent cu ce am intrat în contact în respectivele timpuri, ceva ce ar fi putut avea o influență asupra Frăției, acela nu a fost un Colegiu de lucrători romani. În orice caz, după cum am spus deja, nu este posibil ca apariția noastră să se fi produs înainte de formarea primelor bresle de meșteșugari din Anglia.

Dar Masoneria este mult mai mult decât o simplă ghildă de meșteșugari sau una religioasă. Noi avem ofițerii, rânduielile, inițierea formală a nou-veniților, jurământul păstrării secretelor și folosirea apelativului „frate“, atunci când ne adresăm celorlalți masoni. În plus, mai avem și alte cinci trăsături foarte importante.

În primul rând, în ciuda restricțiilor privind admiterea în ordin, caracteristice oricărei bresle de meșteșugari, avem o practică veche încă din timpurile manuscrisului Cooke, aceea de a primi în rândurile noastre, ca frați neoperativi, persoane instruite în deosebita noastră știință a geometriei.

În al doilea rând, dintre toate ghildele, numai noi avem o Istorie Legendară, la care singura paralelă reală este Legenda Compagnonage-ului.

---

[1] Sistem administrativ de împărțire a teritoriului în unități numite *hundreds*, desemnând o arie unde existau cca 100 de așezări, și *tithing*, însemnând o asociere de 10 așezări.

Breviarele mănăstirești conțin legende despre sfinți, dar este evident că ele nu pot merge înapoi în timpurile anterioare apariției creștinismului. În schimb, în primele ei versiuni, istoria noastră legendară ne duce până la epoca lui Euclid și în vremurile Egiptului antic.

Ca dezvoltări ulterioare, avem ritualurile și ceremoniile de inițiere, dar în mod evident am avut de la bun început și secrete operative, aceasta fiind a treia diferență.

Cea de-a patra este legată de specificul muncii noastre, deoarece masonii erau singurii meșteșugari care călătoreau de la o construcție la alta și trebuiau să se așeze în locuri unde nu existau bresle de lucrători sau localități. Din această cauză, aveau în mod special nevoie de un sistem secret de recunoaștere, prin care un om analfabet trebuia să-l convingă pe un altul, tot analfabet, că sunt membri ai aceleiași ghilde și că nu trebuie să se mai ferească. În final, încă de la început avem indicii despre un set fundamental de reguli, o constituție care diferea de cea a oricărei alte bresle, deoarece celelalte bresle aveau caracter local și se puteau autosusține în așezarea unde funcționau.

Ghilda noastră era totuși organizată, dacă nu chiar la nivelul întregului regat, cel puțin pe regiuni foarte întinse, întâlnindu-se în cadrul unor adunări periodice, tradiția fiind valabilă pentru întregul Ordin și impusă ca regulă tuturor lojilor.

Informațiile noastre despre aceste adunări și ce se întâmpla în cadrul lor sunt foarte puține, dar ne putem imagina ce prilej erau ele pentru a răspândi în rândurile Ordinului cunoștințele și experiența câștigate, pe măsură ce catedrală după catedrală se înălțau prin mâinile acestor meșteri, iar mărețele stiluri arhitectonice treceau de la englez timpuriu la perpendicular, prin strădania combinată a înaintașilor noștri operativi și speculativi.

După cum am văzut, legăturile noastre apropiate cu breslele de meșteșugari ne îndreptățesc să credem că misterele și vechimea noastră datează cel puțin din primii ani ai secolului al XIV-lea, când este menționată pentru prima dată existența unor ghilde de zidari în anumite burguri. În același timp, avem și o dată înaintea căreia nicio breaslă de constructori nu ar fi avut cum să existe într-o așezare, respectiv 1220, când London Bridge a fost clădit din piatră. Înaintea acestei date meșteșugul construirii din piatră era aproape necunoscut în burgurile medievale, fiind folosit exclusiv pentru înălțarea catedralelor și a cetăților, în afara orașelor.

Dar, cu toate că Masoneria seamănă într-un fel cu o ghildă de meșteșugari, se pare că membrii Frăției care cunoșteau tainele și construiau catedrale pe tot cuprinsul țării, încă înainte de secolul al X-lea, formau o organizație care nu era stabilită în localități, fiind astfel independentă de breslele de meșteșugari din burguri. Aceasta este și o explicație pentru adjectivul *Free,* după cum am menționat și în primul capitol, ceea ce însemna că masonii erau liberi de îndatoririle feudale și de decretele breslelor de meșteșugari, din simplul motiv că angajatorii lor nu erau locuitorii burgurilor, care, atunci când aveau nevoie de construcții din piatră, aveau la dispoziție micii zidari locali. Cei pentru care lucrau francmasonii erau înaltele fețe bisericești, care nu locuiau în așezările medievale și erau propriii lor stăpâni.

De fapt, se pare că Vechile Rânduieli aparțineau masonilor constructori de biserici, dar poartă și amprenta originii ecleziastice. Un exemplar al acestor Rânduieli se află în posesia Companiei Masonilor din Londra și este descris în mod expres ca fiind „o copie a constituțiilor masonilor acceptați". Cu toate că descrierea a fost făcută mult mai târziu, pare a indica faptul că această Companie a Masonilor din Londra (speculativi) considera că nu are nicio legătură cu un document care aparținuse fără îndoială masonilor operativi.

În consecință, Ordinul nostru având trăsături comune cu ambele tipuri de bresle, dar și caracteristici suplimentare care ne diferențiază de amândouă, se poate considera că originile noastre ca organizație constituită sub forma unei ghilde sunt mult mai vechi decât primele dovezi care atestă existența breslelor de meșteșugari constituite în burgurile medievale.

În același timp, Ordinul nostru ar putea să fie o dezvoltare originală a ghildelor religioase printre masonii constructori de catedrale.

Nu este imposibil ca ei să fi cunoscut o formă de organizare încă din vremurile lui Athelstan, în timp ce sub domnia regilor normanzi, masonii din regatul Angliei care construiau catedrale să fi avut o zestre comună de cunoştinţe tehnice, după cum arată clădirile înălţate atunci şi care încă mai dăinuie. Existenţa acestor cunoştinţe tehnice comune presupune un schimb de informaţii între diversele grupuri de masoni, schimb care putea fi făcut cu ocazia adunărilor periodice ale întregii ghilde.

III

CONDIȚIILE DE ÎNCEPUT

Presupunerea că druizii – acea teribilă sectă, așa cum îi numește Gould – ar fi fost masoni a fost o teorie în care până nu de mult au crezut cu încăpățânare mulți scriitori. Oricum, este evident că această idee nu numai că nu are nici cea mai mică probabilitate istorică, dar nu poate fi justificată nici măcar prin argumentul analogiei, având în vedere că druizii erau vraci, doftori și vrăjitori, produse ale unei civilizații înapoiate. Și nu numai atât, dar făceau și sacrificii umane.

Se pare că se vopseau în albastru, o culoare cu o semnificație importantă pentru Frăția noastră, în prezent. Dar, indiferent cât de puternic ar părea acest argument, mă grăbesc să adaug că druizii nu purtau șorțuri, cel puțin după spusele lui Valerius Maximus[1], ci pantaloni! Este adevărat că Stonehenge a fost înălțat de oameni care studiau mersul Soarelui pe bolta cerească și erau capabili să mute bucăți de piatră foarte mari, dar nimic din aspectul său nu dovedește că cei care l-au construit aveau ceva cunoștințe de geometrie și în niciun caz

[1] Valerius Maximus, istoric și moralist roman, autor al *Factorum et dictorum memorabilium libri IX,* o importantă compilație de anecdote istorice scrisă pentru uzul școlilor de retorică. S-a impus ca scriitor în jurul anului 30.

nu se poate acorda o semnificație masonică pentru Stonehenge sau oricare alt templu druidic.

Să analizăm aici până când civilizația romană, în special arhitectura, a supraviețuit în Anglia ar ajuta scopului acestei lucrări, având în vedere că dezvoltarea Ordinului nostru este legată de dezvoltarea arhitecturii. În plus, știm că Biserica a existat fără întreruperi, inclusiv în vremurile tulburi ale picților[1], iuților și danilor[2].

Nu putem spune cu exactitate când și cum a ajuns creștinismul pe țărmurile noastre. O legendă susține că a fost adus de Iosif din Arimateea, care a plantat păducelul din Glastonbury[3]. Este remarcabil că traseul său, care probabil a urmat vechea rută a neguțătorilor fenicieni, de la Marsilia spre nord pe valea Rhonului și mai departe de-a lungul Britanniei și Cornwallului, este presărat cu o serie de legende locale pe această temă, care ar putea alcătui o poveste consistentă.

În orice caz, atunci când Sfântul Augustin s-a confruntat cu religia celtică, a descoperit că celții păstraseră un rit primitiv, de sorginte greacă probabil, un indiciu clar că era de origine estică. Înainte de invazia saxonă din secolul al V-lea, se poate crede în mod rezonabil că în Britannia existau un număr însemnat de biserici. Dar Biserica celtică în sine, ca și organizație, era slabă și prin urmare avem o lipsă totală de clădiri mari sau de monumente ale epocii. Cele câteva biserici care au supraviețuit sunt mici și simple. Bede[4] chiar susține că în timpul său celții nu foloseau piatra pentru construcții. Biserica celtă avea o ierarhie; găsim trei episcopi britanici prezenți la Consiliul de la Arles în anul 314, iar Sampson este menționat ca arhiepiscop de

---

[1] Popor vechi care trăia pe teritoriul Scoției de azi.

[2] Triburi germanice venite de pe teritoriul actual al Danemarcei, care, împreună cu anglii și saxonii, au început să invadeze Anglia începând din secolul al IV-lea.

[3] Copac despre care legenda spune că a răsărit din toiagul lui Iosif din Arimateea, care, după ce l-a dat jos de pe cruce pe Iisus Hristos, a plecat în Britannia luând cu el Potirul Sfânt în care pusese câteva picături din sângele Mântuitorului.

[4] Bede cel Sfânt sau Venerabilul Bede (672–735), călugăr benedictin de la mănăstirile Sfântul Petru din Monkwearmouth și Sfântul Pavel din Jarrow, regatul Northumbriei. A scris *Historia ecclesiastica gentis Anglorum,* lucrare pentru care este considerat părintele istoriei engleze.

York în anul 509. Avea sfinții săi, misionarii săi, călugării și sihaștrii săi, până și un eretic în persoana lui Pelagius[1].

Dar în secolul al VIII-lea această Biserică s-a conformat practicilor Bisericii romanice, ca organizare și ritual, iar personalitatea ei s-a pierdut. Fiind o Biserică fără abilități arhitecturale, nu ne-ar fi atras atenția, dar aceeași școală de scriitori care i-a considerat pe druizi ca fiind masoni și elevi ai lui Pitagora i-a considerat pe culdei[2] ca fiind francmasoni aflați într-un stadiu ulterior de dezvoltare, constituind astfel o verigă din lanțul nostru de descendență.

Culdeii au fost clerici și călugări ai Bisericii celtice. Originea exactă a numelui lor este incertă; în orice caz nu este masonică, iar ipoteza legăturii lor cu Francmasoneria este absolut fantezistă și lipsită de orice fundament, la fel ca presupunerea potrivit căreia culdeii ar fi avut ceva în comun cu Colegiile Romane sau cu frățiile ezoterice din est.

Au avut o legătură cu ținutul York și regele Athelstan, fapt care ar putea să aibă o reverberație în legendele noastre istorice. Citim că atunci când regele Athelstan și armata sa mărșăluiau împotriva scoților în anul 936, a făcut o oprire în York, unde i-a găsit pe culdei ca fiind clericii Catedralei Sfântul Petru. Monarhul i-a rugat să se roage pentru victoria sa, drept răsplată promițându-le că la întoarcerea din campanie le va face o donație generoasă de porumb colectat din întreaga dioceză, care să fie folosit pentru lucrările lor pioase și caritabile. Legenda noastră spune că Athelstan a dăruit Frăției un hrisov de acordare a unor privilegii în ținutul York; sau cel puțin așa spune una dintre versiunile acesteia.

Athelstan, care ocupă un loc de cinste în legendele noastre istorice, a fost ultimul mare rege englez (de origine saxonă), și de altfel primul și

---

[1] Ascet roman (cca 390–418), probabil originar din Britannia, susținător al doctrinei liberului-arbitru și opozant al doctrinei păcatului originar. A fost declarat eretic de Sinodul din Cartagena.

[2] Comunități de oameni religioși care trăiau în locuri izolate. Conform puținelor informații cunoscute, credeau în miracole, se închinau la moaște, făceau penitențe, posteau miercurea și vinerea, aveau practica spovedaniei, credeau în iertarea păcatelor și făceau slujbe pentru morți. Nu se supuneau decretelor Papei în legătură cu celibatul, mulți dintre ei fiind căsătoriți.

ultimul care a domnit peste întregul ținut al Angliei. El i-a înfrânt pe scoți la Brunnaburgh, și-a luat titlul de Basileus și a încheiat alianțe cu Norvegia și Armorica[1]. Surorile sale au fost considerate o partidă bună și s-au căsătorit cu Henric, împăratul Germaniei, și cu Ludovic, ducele de Acquitania. A fost un mare legiuitor, atribuindu-i-se înființarea multor burguri cărora le-a acordat privilegii speciale, și se mai spune că în vremea lui era greu să găsești un englez sărac. Succesorii lui, care s-au confruntat cu revoltele scoților și northumbrienilor, cu biserica înarmată care se ridica împotriva unui rege în timp ce era protejată de un altul care avea moravuri dubioase, au trebuit să instituie Danegelt[2] și să lupte împotriva prădătorilor vikingi. Toate acestea s-au întâmplat până la urcarea pe tron a lui Edward Confesorul[3], care s-a arătat a fi mai mult normand decât englez, iar după moartea lui țara a fost preluată de William Cuceritorul. Ne putem imagina cu câtă pasiune un cronicar simpatizant al anglo-saxonilor, scriitor de legende, s-a străduit să arate că Francmasoneria a existat înainte de vremurile oricărui duce normand și că a beneficiat de hrisoave de recunoaștere și privilegii acordate de Marele Rege (Athelstan), în special dacă acest cronicar era un om al Bisericii.

Ca să ne întoarcem la Biserica britanică, putem spune că avea caracter celtic și nu roman. Este remarcabil că numeroasele inscripții romane găsite în Britania sunt pur păgâne; există inclusiv inscripții despre zeități celtice, dar nimic creștin, cu excepția unei monograme ocazionale, sau formule, și a bisericii creștine din Silchester. Repet, în privința vieții urbane, această formă de organizare a unei așezări era rară în Britannia, numai cinci municipalități de tip roman fiind cunoscute, și putem doar să presupunem care era natura instituțiilor din Londra și

---

[1] Armorica este numele dat în vechime unei părți a Galiei situate între Sena și Loara, incluzând Peninsula Bretagne ce se întinde în apele Atlanticului.

[2] Taxă instituită la sfârșitul secolului al IX-lea în Anglia anglo-saxonă, pentru strângerea de bani pentru tributul plătit vikingilor sau pentru a finanța războaie împotriva acestora.

[3] Edward Confesorul (1003–1066), penultimul rege anglo-saxon al Angliei, sub domnia căruia puterea regală a fost puternic slăbită. A fost urmat la tron de Harold Godwinson în 1066, care a fost înfrânt și ucis în același an în Bătălia de la Hastings, de normanzii conduși de William Cuceritorul.

din celelalte orașe, nemodelate după tipicul roman. Freeman considera că nicio instituție romană nu a supraviețuit invadatorilor teutonici. În orice caz, păgânismul roman a fost eliminat în cele din urmă de invadatori, iar creștinismul, singura forță viabilă rămasă să li se opună, a înflorit în acei ani de haos și neajunsuri prin care au trecut provincialii romani. Dar așa cum am văzut, în Anglia era un creștinism celtic de tip oriental, și nu o formă de creștinism romano-catolic.

Urmând raționamentul anterior, trebuie să abandonăm orice idee de societate secretă care ar fi supraviețuit din era romană până în Anglia saxonă. La fel, cu siguranță nu trebuie să sperăm că vom găsi legături cu Roma păgână prin intermediul lui Augustin și al misionarilor săi. Dar în ultima perioadă a Angliei saxone găsim constructori aduși din Franța și Italia. Episcopul Benedict din Durham, atunci când a construit la Monk Wearmouth[1] în secolul al VII-lea, și-a adus constructorii din Galia romană. În mod asemănător, Offa[2], în anul 790, descoperind moaștele Sfântului Alban la Verulam, a adus constructori romani ca să ridice o catedrală acolo.

Saxonii nu erau constructori, iar Ferguson și Scott nu ezită să atribuie o origine continentală arhitecturii noastre saxone. De fapt, era o copie nereușită și ignorantă a unor opere din Italia acelor vremuri. Cronicarul și abatele saxon Aelfric, scriind despre anul 1000, în lucrarea sa despre viața Sfântului Thomas, spune că regele i-a cerut acestuia să-i ridice un palat în stil roman, arătând că sfântul i-a construit „douăsprezece case alipite, cu arcade frumoase, dar nu se obișnuiește așa ceva în Anglia și de aceea nu vom dezvălui numele (sau poate detalii tehnice) pe de-a-ntregul".

Ceea ce acești oameni au adus cu siguranță de pe continent a fost cunoașterea practică a geometriei, fiind chiar probabil ca ei să fi avut niște legende despre cum a apărut această știință și să fi păstrat și

[1] St Peter's Church din Monkwearmouth, una dintre primele biserici din Anglia construite din piatră.

[2] Regele Offa a domnit peste regatul Merciei, partea centrală a Angliei saxone, între 757 și 796.

venerat numele celor care au descoperit-o. Însemnătatea acestei probabilităţi va fi mult mai elocventă în capitolul dedicat istoriei noastre legendare. Oricum, faptul că erau în posesia secretelor noastre operative nu îi face masoni pe aceşti constructori din vremurile de început, şi nici ipotetica deţinere a unui sâmbure al legendelor noastre. Ei doar sugerează sursa uneia (sau poate a două) dintre cele mai importante trăsături ale unei organizaţii care nu ar fi putut să apară decât în vremurile ghildelor de meşteşugari.

În acest punct ar fi potrivit să ne aplecăm și asupra organizației Vehmgerichte[1], despre care s-a spus că făcea parte din Masonerie, deoarece membrii ei se întâlneau în secret, aveau cuvinte de recunoaştere, aplicau pedeapsa cu moartea, îşi deschideau întrunirile într-o formă ceremonială, se trăgeau dintr-o organizaţie a cărei denumire conţinea sintagma *frei* (respectiv, *free* în engleză) şi foloseau în mod simbolic sfoara şi pumnalul. Dar, aşa cum se întâmplă de multe ori, este doar o altă situaţie în care nişte detalii seamănă între ele.

Vehmgerichte erau în mod esenţial curţi de justiţie, jurisdicţia lor era în principal în Westfalia şi se ştie că existau încă din vremea lui Charlemagne. Mai erau denumiţi şi Freigerichte, adică Tribunalele Libere, poate din cauză că fie erau formate doar din oameni liberi, fie că poate se bucurau de anumite libertăţi deosebite.

Importanţa lor se conturează începând cu anul 1180, când arhiepiscopul de Köln a preluat conducerea organizaţiei, după care s-au răspândit în toată Germania.

Membrii lor erau numiţi Freischoffer, erau admişi în organizaţie printr-un ceremonial în care se foloseau sfoara şi pumnalul, care li se arătau la sfârşit, şi aveau parole de recunoaştere. Una o ştim: primul vorbitor spunea *Reyn, Erde, Feuer*, adică *Rain* (ploaie), *Earth* (pământ), *Fire* (foc), iar al doilea răspundea *Lust*, adică *Air* (aer). Aveau şi semne

[1] Vehmgerichte şi Fehmgericht sunt denumirile date unui sistem judiciar care a funcţionat la Dortmund în Westfalia, între secolele al XII-lea şi al XVIII-lea, format dintr-o organizaţie fraternă de *proto-vigilantes* care puteau să aplice inclusiv pedeapsa capitală în numele împăratului Germaniei.

secrete de recunoaştere. Adunările lor se ţineau în aer liber, în timpul zilei, iar locul unde se întâlneau era întotdeauna bine cunoscut. Ocazional se întruneau în secret, pentru a judeca o faptă deosebit de gravă, precum erezia sau vrăjitoria, ori pentru a asculta un recurs. Pedeapsa era moartea prin spânzurare, iar dacă acuzatul nu era prezent pentru a fi executat pe loc, atunci primul Freischoffer care îl găsea avea obligaţia de a o aplica. Aceasta este o explicaţie evidentă pentru folosirea sforii în ceremonialurile lor. Ei aveau obligaţia de a înmâna somaţia pentru înfăţişare la tribunal persoanelor care urmau să fie judecate. În acelaşi timp, aveau privilegiul de a nu fi judecaţi de nici o altă curte de justiţie, iar acuzator putea fi doar un Freischoffer.

O astfel de instituţie, cu toate că era adaptată acelor vremuri barbare, avea în mod natural tendinţa de a face abuzuri. În secolul al XVI-lea aceste tribunale erau supervizate şi restrânse doar la teritoriul Westfaliei, iar mai târziu jurisdicţia lor s-a restrâns tot mai mult, până când au ajuns la stadiul de simplă poliţie. În această formă au supravieţuit până în secolul al XIX-lea, iar ultimul „Frei-Graf", adică preşedinte, a murit în 1835. Nu există nicio dovadă satisfăcătoare că ar fi avut legături cu însuşi Charlemagne, cu atât mai puţin pentru afirmaţia care susţine că adevăratul lor scop era răspândirea creştinismului. Nu aveau nimic în specificul lor legat de învăţături secrete sau mistere, erau doar simple curţi de justiţie ai căror membri aveau moduri secrete de recunoaştere, iar la întâlnirile lor se practica un ritual cu nimic deosebit de altele.

Un argument de un alt tip care se foloseşte pentru a demonstra originea romană a Masoneriei, sau mai degrabă o descendenţă din Antichitate pe o filieră romană, este teoria care spune că originea arhitecturii moderne vine de la Maeştrii Comancini.

În perioada de după invaziile barbare, Como se pare că era un oraş sau o regiune care beneficia de anumite privilegii ce îi dădeau un statut de sanctuar. Se spune că Maeştrii Comancini erau arhitecţi pricepuţi, susţinându-se că dezvoltarea progresivă a arhitecturii în nordul Italiei, între secolele al VII-lea şi al IX-lea, se datorează acestor constructori.

Bisericile lor erau modelate după bazilicele romane, absidele[1], transeptul[2] și coridoarele[3] fiind adăugate pe măsură ce stilul arhitectonic a evoluat. Ei au introdus ca ornamente toate genurile de animale posibile și imposibile, venite din surse bizantine, orientale sau păgâne, cărora le atribuiau sau nu semnificații simbolice. În mod special foloseau o ornamentație ca o împletitură complicată a cărei funie pare nesfârșită, cunoscută sub numele de Nodul Comancin. Acest stil ornamental este întâlnit în bisericile germane și franceze înainte de apariția stilului gotic, precum și la primele cruci și biserici saxone și irlandeze.

Abația Hexham, de exemplu, construită de Wilfrid[4] în anul 674, era o bazilică romană, după planuri. Așa cum am văzut deja, saxonii nu erau constructori și se spune că Sfântul Augustin a adus constructori romani cu el, iar aceștia puteau foarte bine să fie Maeștri Comancini. În orice caz, se pare că un secol mai târziu Wilfrid a putut să găsească în Britannia meșteri care să-i construiască bazilica sa romană, cu toate că vecinul și contemporanul său, episcopul Benedict, a trebuit să-i caute în Galia. Este posibil ca meșterii aduși de Sfântul Augustin să fi rămas în Britannia, iar măiestria lor să fi supraviețuit până în zilele lui Wilfrid.

Dezvoltarea ulterioară a arhitecturii în Italia poate fi considerată o derivație directă din stilurile clasic și lombard, făcută de arhitecții medievali, dar stilul italian sau romanic este un stil cu coloane și grinzi, iar arcul său este semicircular. Găsim ferestre și uși cu contur gotic, sau lucrări mici cum este altarul Bisericii San Michele din Florența sau mormântul Scala din Verona, care sunt gotice ca stil, dar diferența dintre cele două stiluri nu privește doar ornamentele sau detaliile, ci ține de esența lor. Stilul gotic a fost considerat întotdeauna exotic în Italia,

---

[1] Încăpere semicirculară destinată altarului, care închide nava centrală a unei biserici.

[2] Naos transversal care întretaie în unghi drept naosul principal al unei biserici, formând astfel un plan în formă de cruce.

[3] Pasaje din bisericile creștine, în special catolice, situate pe lateralele navei centrale și separate de aceasta printr-un rând de coloane sau arcade.

[4] Wilfrid sau Wilfrith (cca 633 – cca 709), episcop de Northumbria, cunoscut pentru înființarea de mănăstiri, ridicarea de biserici și creștinarea regatului de Sussex.

fiind aproape corect să spunem că biserici în stil gotic se găsesc doar în nordul țării, din cauza unor influențe venite din nord sau din străinătate.

De fapt, teoria comancină nu susține că stilul gotic vine direct din Italia, ci doar că bogăția de cunoștințe arhitectonice a romanilor nu a fost niciodată pierdută, păstrându-se la Como până când a putut fi din nou pusă în practică prin intermediul membrilor Frăției care au introdus-o în Germania și în Europa de Nord, unde a fost modificată pentru a corespunde condițiilor climaterice locale.

Cu toate acestea, nu există dovezi solide pentru a demonstra influența comancină în nordul Europei dincolo de vremurile saxone, iar arhitectura noastră gotică nu este nici bizantină, nici sarazină, nici comancină, nici orientală, ci o dezvoltare locală apărută probabil în nord-estul Franței care ulterior s-a răspândit în tot nordul Hexagonului, Anglia și Germania de Vest. Este o arhitectură care aparține în mod esențial popoarelor germanice și pentru geneza ei nu este nevoie de nicio teorie privind transmiterea unui secret de origine romană sau orientală, indiferent cât de mult s-ar potrivi cu ideile preconcepute privind originea Masoneriei, pe care această teorie le sprijină. Catedralele din Anglia au evoluat prin strădania meșterilor sub a căror călăuzire au fost înălțate și care au fost înaintașii noștri operativi.

Mari autorități în materie, ca Sir Gilbert Scott[1], și-au exprimat părerea fără echivoc. El spune:

> „Creșterea graduală a predominanței verticalului asupra orizontalului, ridicarea înălțimii coloanelor și a glafurilor, necesitatea măririi proporționale a arcadelor, nevoia de a construi ziduri boltite peste spații de formă alungită, precum și o sută de alte dovezi arată că ogiva este rezultatul inevitabil al unor dezvoltări deja produse, iar ulterior a apărut aproape de la sine în forma arcadelor intersectate."

[1] Sir George Gilbert Scott (1811–1878), adept al curentului neogotic, unul dintre cei mai prolifici arhitecți englezi, peste 800 de clădiri fiind construite sau renovate după planurile sale.

Maeştrii comancini sunt prezentaţi ca supravieţuitori ai Colegiilor Romane, iar membrii grupului lor erau împărţiţi în ucenici, calfe şi maeştri, ceea ce este absolut natural. Dar mai departe se spune că ei erau francmasoni, erau conduşi de un Mare Maestru şi se bucurau de favorurile Papei care le acordase privilegii speciale. Această idee, cum că francmasonii ar fi descendenţii unei mari ghilde medievale care mergea dintr-un loc în altul şi era originară din Roma, nu este una nouă.

Aubrey[1] scria în 1691:

> „Sir William Dugdale mi-a spus cu mulţi ani în urmă că în timpurile lui Henric al III-lea, Papa a dat o bulă sau diplomă unei companii de arhitecţi italieni (francmasoni) prin care îi împuternicea să călătorească în toată Europa pentru a construi biserici. Din aceştia se trage Frăţia Francmasonilor (masoni acceptaţi)."

Din păcate, documentul menţionat nu poate fi găsit, şi nici vreo altă menţionare a sa. De asemenea, nu există nicio dovadă că Maeştrii Comancini erau francmasoni, în sensul că ar fi avut învăţături ezoterice şi legende, semne secrete, ritualuri şi cuvinte de trecere. Ei erau o simplă confrerie de constructori, adică cu totul altceva. Simbolismul lor cu animale groteşti şi noduri fără sfârşit nu seamănă deloc cu ceea ce avem noi.

Cu toate acestea, Ravenscroft[2] continuă să susţină varianta comancină. El spune:

a. Hitiţii au construit Templul din Ierusalim;
b. Oameni de acelaşi neam şi cu aceleaşi tradiţii i-au învăţat pe romani;
c. Colegiile Romane aveau tradiţii legate de regele Solomon;
d. Ei au migrat la Como;
e. De acolo s-au răspândit în toată Europa, după care s-au grupat, formând ghildele de masoni.

---

[1] John Aubrey (1626–1697), anticar, filozof şi scriitor englez. Membru al Societăţii Regale din Londra, a fost şi un pionier al arheologiei. Cea mai cunoscută lucrare a sa este *Brief Lives,* o carte alcătuită din schiţe biografice.

[2] William Ravenscroft, autor al lucrării *The Comacines, their predecessors and their successors,* apărută la Londra în 1910.

Judecând în baza celor de mai sus, el întreabă dacă ar fi hazardat să spunem că, prin tradițiile transmise din generație în generație, Maeștrii Comancini pot fi considerați urmașii constructorilor Templului, iar legendele masonice spuse în prezent despre legătura dintre Templu și Masonerie ar putea avea un fundament.

În primul rând, nu există nicio bază pentru a atribui Colegiilor Romane tradiții venite de la regele Solomon. În al doilea rând, exodul unui Colegiu la Como este doar o ipoteză preluată de Ravenscroft de la Findel[1], ale cărui afirmații nu sunt susținute de dovezi. În al treilea rând, chiar presupunând că masonii aduși în Anglia saxonă erau comancini, asta înseamnă că doar știința lor în a construi își avea originile în Roma antică, nu că ne-ar fi adus și ezoteria, despre care nu există nicio dovadă că ar fi avut-o. În final, legendele Ordinului nostru nu ne leagă de Roma, ci de Euclid și de Egipt, iar Templul apare în ele doar accidental, ca fiind una dintre cele mai mărețe clădiri amintite în Vechiul Testament. Legenda Templului din ritualul nostru, la care se referea Ravenscroft, este un cu totul alt subiect. Istoria noastră legendară nu o amintește, iar deocamdată nu există nicio dovadă că am fi știut ceva de ea înainte de secolul al XVIII-lea.

Chiar dacă stilul arhitectural gotic s-a dezvoltat local, este adevărat că știința geometriei, pe care se bazează și care a fost descoperită în Egipt în secolele IV–III î.Hr., a fost adusă în Anglia la un moment dat, nefiind redescoperită acolo. Acest lucru s-ar fi putut întâmpla în vremurile lui Offa, dar în orice caz s-a produs înainte de construirea unor catedrale normande precum Ely, Chichester, Winchester sau Durham.

O altă sursă de influență orientală, pe care s-a bazat foarte mult teoria originii arhitecturii noastre și a multor altora, inclusiv a Masoneriei, au fost cruciadele. Se presupunea că luptătorii care se întorceau de acolo aduceau cu ei civilizația în Europa barbară. O examinare corectă a acestei teorii ar trebui să stabilească limpede ce era cunoscut în Palestina

[1] Gottfried Joseph Gabriel Findel (1828–1905), scriitor și publicist german. A fost inițiat în 1856 în loja Eleusis din Bayreuth. Cunoscut pentru cartea *Istoria Francmasoneriei de la origini până în prezent,* apărută în 1861.

acelor vremuri și ce nu era cunoscut în Europa de Vest. În orice caz, nu există nicio dovadă prin care să se poată lega Masoneria de Palestina, prin intermediul templierilor, de exemplu, despre care a căror presupusă legătură cu Ordinul nostru, în timpurile medievale, se crede acum.

Măsura în care cultura orientală a influențat arhitectura noastră poate fi rapid analizată. De fapt, marile ordine religioase creștine au dus cu ele în Palestina arhitecți și meșteri, iar între 1140 și 1180 acel ținut a fost presărat cu biserici construite în stil apusean. Muncitorii erau fără îndoială localnici, iar între ei și cei care îi angajaseră s-a produs cu siguranță un schimb reciproc de cunoștințe, dovedit pe de o parte de adoptarea unor ornamente de tip oriental și pe de alta prin sensibila iluminare a stilului vestic. Dar o influență mai notabilă a fost aducerea în Europa a uneltei cu gheare folosite pentru finisarea suprafeței pietrelor. Vechimea ei în Palestina și în Orient este foarte mare, putând fi găsită în Grecia antică, precum și la Ravenna. Prima dată a apărut în Anglia în secolul al XIII-lea, pe măsură ce s-a dezvoltat stilul englez timpuriu. O altă tehnică orientală fusese adusă pentru prima dată în Anglia cu aproximativ un secol înainte, probabil din Palestina, aceasta fiind marcarea pietrelor (Mason's Mark[1]).

Nu pot fi aduse mărturii istorice în sprijinul ipotezei care spune că, pe lângă legendele Templului, cruciații întorși acasă le-au adus constructorilor noștri și un tezaur de ezoterie estică, iar ideea că meșterii foloseau marcarea pietrelor pentru a ilustra aceste mistere ezoterice trebuie respinsă ca fantezistă. Însemnarea pietrelor în Roma antică și în India era folosită de toți practicanții acestei meserii, care nu au legătură cu Ordinul nostru. Există și alte meșteșuguri care au practici asemănătoare, deoarece s-au născut din necesitatea operativă de

[1] În Statutul Schaw din 1598 s-a prevăzut ca la primirea în ghildă fiecare mason să-și scrie numele și semnul său distinctiv (Mason's Mark), sau „marca“, în evidențele breslei. „Mărcile“ erau de două tipuri: cele folosite pentru a desemna locul pe care piatra respectivă îl avea în ansamblul zidăriei și cele care aparțineau masonilor individuali, servind la recunoașterea porțiunii de lucrare executată de fiecare, în vederea calculării plății.

a putea identifica tot ce a lucrat fiecare muncitor şi de a stabili dacă trebuie să-şi primească sau nu simbria.

Mii de însemnări ale pietrelor au fost identificate, dar teoriile complicate bazate pe, de exemplu, numărul de unghiuri din fiecare semn prin care autorii lor au încercat să transmită nişte adevăruri misterioase sunt doar simple fantezii. Odată verificată de supraveghetor, piatra era pusă în perete, de multe ori cu semnul respectiv către interior, nemaiputând fi identificată. Într-adevăr, marcajele erau individualizate prin modul în care erau făcute, respectiv prin scrijelirea pietrei cu o unealtă ascuţită, rezultând în general linii simple, care de cele mai multe ori erau drepte.

Ele nu sunt monograme sau mărci cum sunt cele folosite de bijutieri şi nu sunt comparabile cu monograma unui tipograf. Fiind combinaţii de linii simple, în mod natural includ triunghiuri, pătrate, cruci etc. În baza faptului că anumiţi constructori îşi alegeau semne care la alţii aveau semnificaţii ezoterice nu se poate susţine că aceşti constructori erau preocupaţi de simbolismul marcajului pe care îl aleseseră, chiar dacă îl cunoşteau, şi cu atât mai puţin că ar fi vrut să transmită astfel ceva posterităţii.

O altă întrebare cu relevanţă asupra istoriei noastre de început este măsura în care au existat schimburi între Anglia, Scoţia, Franţa şi restul continentului în general, înainte de apariţia tiparului. În acele vremuri, oamenii, sau cel puţin meşteşugarii, puteau cu mare greutate să facă schimburi de cunoştinţe tehnice sau să audă legendele celuilalt, având această oportunitate doar atunci când se întâlneau.

Judecând după felul în care sunt reflectate în arhitectura noastră, faptele pot fi deduse destul de uşor. Şcoala gotică engleză este clar diferită faţă de cea franceză şi independentă, stilul de a construi este englezesc, iar formele ornamentelor aparţin Şcolii Engleze (Viollet-le-Duc[1]). Cu arhitectura germană din aceleaşi timpuri nu

---

[1] Eugène Viollet-le-Duc (1814 –1879), arhitect francez adept al arhitecturii neogotice, renumit mai ales pentru restaurarea unor edificii medievale, printre care şi Catedrala Notre-Dame de Paris.

avem nicio legătură vizibilă. În ceea ce priveşte Anglia şi Scoţia, găsim cele două naţiuni dezvoltându-se în paralel în veacul al XII-lea şi începutul secolului al XIII-lea, fiind tentaţi să presupunem că breasla constructorilor se extinsese pe întreg cuprinsul regatului.

Dar din secolul al XIII-lea apare o schimbare. În Anglia se foloseau uneltele aduse din Orient, despre care am vorbit anterior, dar în Scoţia nu. În timp ce în Anglia se poate vedea o dezvoltare progresivă care s-a diminuat în timpul Războiului Celor Două Roze din secolul al XV-lea şi s-a stins cu desăvârşire doar în vremea Reformei, Scoţia rupe legăturile cu Anglia după Războiul de Independenţă[1], iar arta construcţiilor nu mai evoluează. În consecinţă, există toate premisele ca în secolul al XVII-lea să găsim Masoneria Operativă din Scoţia mult rămasă în urmă ca dezvoltare faţă de cea din Anglia, ceea ce s-a şi întâmplat, după cum o să vedem atunci când vom ajunge la acea perioadă din istoria noastră.

Contactele noastre cu Franţa în perioada Angevinilor[2] erau în mod necesar constante şi apropiate, altfel ne-am fi dezvoltat arhitectura pe direcţii independente. Calais a rămas în mâinile Angliei două secole după asediul din 1347, armata regelui Edward al III-lea având în rândurile sale meşteri zidari, dulgheri şi fierari.

Ştim cât de mult a împrumutat literatura engleză de la cea franceză, până în timpurile lui Chaucer, aceasta fiind o importantă ocazie pentru un schimb reciproc de cunoştinţe tehnice şi legende între meşterii constructori din ambele ţări. Avem motive să credem că aşa s-a şi întâmplat, atunci când începem să studiem Compagnonage-ul. Dar înainte de a ne ocupa de acest subiect trebuie să vorbim despre cele mai vechi documente şi legende masonice, precum şi despre legăturile noastre cu meşteşugul din Evul Mediu. Acest lucru îl vom face în capitolele următoare.

---

[1] Cea mai faimoasă perioadă din istoria Scoţiei, între 1296 şi 1346, când au avut loc o serie de războaie pentru cucerirea independenţei faţă de Anglia.

[2] Casa Regală a Angevinilor a condus Anglia prin trei regi: Henric al II-lea (r. 1154–1189), Richard I Inimă-de-Leu (The Lionheart) (r. 1189–1199) şi Ioan Fără-de-Ţară (r. 1199–1216), aceştia fiind urmaţi de dinastia Plantagenet.

IV

ISTORIA NOASTRĂ LEGENDARĂ

Istoria legendară, care în timpurile de început ale Masoneriei era citită candidatului și constituia o importantă parte a ceremoniei de inițiere, a fost scoasă din ritualurile noastre în prezent. Ceremoniile contemporane nu mai păstrează nimic din ea, fiind înlocuită de legenda Templului lui Solomon. Urme ale istoriei noastre legendare se mai găsesc sub forma unor fragmente fosilizate păstrate în Constituții și în anumite prelegeri.

În ziua de azi ne vine greu să înțelegem cum o asemenea încrengătură de anacronisme a putut vreodată să convingă pe cineva. Cu toate acestea, în vremurile operative era transmisă și repetată cu seriozitate. Probabil că fiecare lojă masonică avea o copie a Vechilor Rânduieli, pe care o prețuia ca pe o comoară. Ele erau în același timp o constituție, un cod de morală și un tratat de istorie, caracteristicile lor principale fiind aproximativ aceleași în toate manuscrisele pe care le avem. În cele ce urmează vom vorbi despre Buchanan MS, manuscris din secolul al XVII-lea, iar acolo unde este necesar vom insista asupra unora dintre aspecte.

Începem cu o afirmație care trebuie susținută de fiecare mason, aceea că geometria este cea mai măreață și veche știință dintre cele şapte arte şi ştiinţe liberale. Ni se spune că Lamech[1] a avut trei fii, Jabal, Jubal şi Tubal, şi o fiică, Naamah. Jabal a pus bazele geometriei şi a construit prima casă din piatră şi lemn, Jubal a inventat muzica, Tubal meşteşugul fierăriei, iar Naamah arta ţesutului. Ştiind că Dumnezeu îi va pedepsi în curând pe oameni, au aşternut în scris toate cunoştinţele dobândite şi le-au ascuns în două coloane, una din marmură care nu ardea, iar cealaltă din „Later" care nu se scufunda. Fără îndoială cuvântul „Later" înseamnă cărămidă, oricum fiind ciudat că marmura ar fi ars, iar cărămida nu. În plus, nu ştiam că vreuna dintre ele poate pluti. Termenul „Later" a fost interpretat în moduri diferite până acum, întregul pasaj arătând cât de puţin critici erau înaintaşii noştri.

După Potop, una dintre aceste coloane a fost recuperată de Hermes[2], căruia Noe îi era străbunic. Hermes a fost cel care, stăpânind învăţăturile obţinute, le-a împărtăşit omenirii devenind părintele tuturor înţelepţilor. În Evul Mediu, un volum extraordinar de misticism a fost adunat în jurul lui Hermes Trismegistus, cum a fost numit, personaj a cărui existenţă reală poate fi cu uşurinţă pusă la îndoială.

Atunci când s-a construit Babilonul, regele „Nemorth" era meşter zidar. El a trimis şaizeci de constructori să înalţe Nineve, cărora le-a impus nişte reguli. Acestea au fost primele Rânduieli apărute în cadrul Frăţiei.

Trebuie să ţinem cont de faptul că în Evul Mediu, respectiv în jurul anului 1250, când a avut loc cruciada Sfântului Ludovic[3], oraşul Cairo era considerat Babilonul acelor timpuri. Fără a ne opri acum asupra modului în care s-a produs acest lucru, putem să fim siguri că

---

[1] Personaj biblic din Vechiul Testament, descendent al lui Cain, este primul poligam menţionat în Biblie. Îşi luase două neveste, pe Ada şi Tselah (Zillah), de la care a avut patru copii.

[2] Hermes Trismegistus (expresie din greaca veche însemnând „Hermes cel de trei ori Mare"), presupus autor al lucrării *Corpus Hermeticum,* o serie de texte sacre care stau la baza Ermetismului, curent de gândire mistic-ocult apărut în Antichitate.

[3] Ludovic al IX-lea, rege al Franţei (1214–1270), participant la mai multe cruciade, singurul suveran francez care a fost sanctificat.

pentru un mason din secolul al XIV-lea Babilonul din pasajul despre regele „Nemorth“ era situat în Egipt.

Cu toate că povestea lui Hermes Trismegistus a înflorit în Egipt, următorul personaj care apare este Abraham, originar din ținutul Eufratului, care în timpul călătoriei sale în Egipt i-a învățat pe localnici cele șapte științe și arte liberale.

Hermes a fost eroul misticilor medievali care erau cunoscuți sub numele de ermetici, în timp ce Abraham a fost ales de adepții Cabalei ca deținător, după Adam, al întregii cunoașteri umane. În respectiva etapă, menționarea acestor ilustre personaje nu are conotații hermetice sau cabalistice, dar ele își vor face apariția mai târziu în lucrarea de față. Hermes le era cunoscut Părinților, Sfântul Augustin îl citează, iar povestea cabalistică a lui Abraham datează din secolul al IV-lea d.Hr. și trebuie să fi fost bine știută. Se găsește într-o versiune metrică engleză a Genezei și Exodului, datată circa 1250, în care se povestește că Abraham i-a învățat pe scribii egipteni astronomia și aritmetica.

Euclid era discipolul lui Abraham. S-a întâmplat ca în acea perioadă să fie foarte mulți copii în familiile de nobili, iar părinții nu știau cum să le umple timpul. Asta până când Euclid, cu permisiunea regelui, i-a învățat pe copii geometria (fiind numită de aceea geometrie euclidiană), după care i-a trimis să construiască temple, bazilici și castele, dându-le noilor constructori și un set de Rânduieli.

Aici putem să observăm nu numai completa absență a logicii istorice, ci și a oricărei recunoașteri a faptului că Egiptul nu era o altă țară medievală așa cum era Anglia, ai cărei meșteri masoni au construit catedrale și castele pentru nobili până în vremurile dinastiei Stuart[1].

În câteva versiuni ale legendei care apar doar în manuscrisul Cooke MS se spune că geometria era inițial știința măsurării pământurilor, după cum o arată însăși numele său. După aceea ne este prezentat David, care îi iubea pe constructori și îi prețuia, dându-le la rândul său o serie de

---

[1] Casă regală originară din Scoția, care a domnit o perioadă și asupra Angliei, din 1603 până în 1707.

rânduieli. Urmează fiul său Solomon care a terminat înălțarea Templului, adunând în acest scop 24 000 de zidari, dintre care 1 000 erau meșteri.

Hiram sau Huram i-a dat lemnul pentru construcție, iar regele Huram avea un fiu pe nume Aymon, care era mai-marele meșterilor.

Aymon este forma în care acest nume se găsește în manuscrisele Buchanan MS, dar mai există multe alte variante. Doar într-o versiune târzie din 1607, cunoscută ca „Inigo Jones“, numele folosit este Hiram Abif. Se poate observa că în legendă, Templul, Solomon și Hiram nu sunt considerate a avea o importanță specială și nici nu se face referire la moartea Maestrului Hiram.

După aceasta, legenda face un salt de câteva secole și ne povestește că Masoneria a fost adusă în Franța de „Namus Graecus“, care a participat la înălțarea Templului lui Solomon și l-a învățat meșteșugul pe Carol Martel, care la rândul său i-a învățat pe francezi.

Preston ne oferă o versiune în care se spune că venețienii au venit pentru prima dată din est, fiind mari negutători, aducând cu ei Francmasoneria, iar grecul Peter Gower a învățat de la ei totul despre Masonerie și a format o lojă la Groton[1], de unde zidarii itineranți au adus Ordinul în Franța.

Preston spune că dacă citim despre fenicieni, Pitagora și Crotona[2], această poveste poate deveni plauzibilă. Pitagora era în glorie în jurul anului 500 î.Hr., perioadă în care exista templul lui Zerubabel[3], la aproape 500 de ani după cel al lui Solomon. Peter Gower nu este decât o pronunțare franceză a cuvântului Pitagora, adaptată în limba engleză. În Evul Mediu, el și Hermes erau considerați părinții unei mari varietăți de cunoștințe mistice.

De fapt, legenda spune că Pitagora, după Potop, ar fi găsit cea de-a doua coloană, conform celor scrise în Cooke MS. Din nefericire pentru

---

[1] Localitate în Suffolk, Anglia.

[2] Școala pitagoreică de la Crotona, în sudul actualei Italii, unde se spune că s-ar fi dus și Zamolxe.

[3] Personaj din Vechiul Testament, a condus primul grup de evrei care s-au întors din captivitatea babiloniană, după care a pus temelia celui de-Al Doilea Templu din Ierusalim, în jurul anului 520 î.Hr.

Preston şi interpretările sale ingenioase, în prezent manuscrisul în care el susţine că ar fi găsit această versiune a legendei s-a demonstrat a fi fals, deci nu trebuie să îl mai luăm în considerare.

În ceea ce priveşte denumirea Namus Graecus, asupra căreia a fost vărsată o cantitate imensă de ingenuitate şi erudiţie, cea mai satisfăcătoare explicaţie a sensului său pare a fi aceea că persoana reală care i-a legat pe Copiii lui Israel de mai-marele palatului avea un nume grecesc ce i-a pus în dificultate pe primii copişti, astfel încât aceştia l-au ocolit şi au folosit în loc Namus Graecus. Această pildă de latinism monahal a înlocuit în cele din urmă originalul, fiind considerat un nume adevărat. Cât despre Carol Martel, cel care a salvat Europa de mauri la Poitiers în anul 732, ulterior a fost declarat eretic din cauză că şi-a răsplătit luptătorii dându-le pământuri ale Bisericii. Este interesant să notăm că, în ciuda faptului că el este o verigă necesară în acest lanţ, a fost omis cu desăvârşire din anumite versiuni de origine ecleziastică ale legendei.

Quatuor Coronati[1] sunt amintiţi într-un lung pasaj din Regius Poem. Ei nu sunt parte din evenimentele amintite, dar motivul pentru care au fost introduşi este acela că au fost şi încă mai sunt consideraţi patroni ai Frăţiei, având şi o biserică la Roma unde ghilda se reuneşte cu ocazia aniversării lor. Cei patru au fost soldaţi şi pietrari creştini, martirizaţi de Diocleţian din cauză că nu au vrut să cioplească în piatră chipul unui idol păgân. Cel puţin aceasta este una dintre versiunile poveştii despre ei. Numai că numele lor sunt necunoscute, iar în altă versiune se spune că ei ar fi fost cinci la număr. Este clar că au fost adoptaţi ca sfinţi patroni ai noştri, dar asta s-a întâmplat mult după martiriul lor.

Ne întoarcem la firul cronologic al evenimentelor şi ne este prezentat Sfântul Alban, care fără îndoială a fost o persoană reală, menţionat în Cooke MS ca Sfântul Amphibalus. Se pare că şi el a fost un personaj istoric, numele său fiind convertit sub forma de Sfântul Alban,

---

[1] Grup de patru meşteri creştini, lucrători în piatră, executaţi din ordinul împăratului Diocleţian.

iar martiriul său este suficient de bine atestat documentar, dar s-a întâmplat în jurul anului 300. Totuşi, afirmaţia prin care se susţine că el a fost mason şi patron al masonilor poate fi găsită doar în Vechile Rânduieli. Acolo se spune că Sfântul Alban a stabilit salariul săptămânal la 2 şilingi şi 6 penny, plus 3 penny pentru masă, faţă de 1 penny pe zi şi mâncare, cât era până atunci. El a obţinut un hrisov de constituire a breslei şi a înfiinţat adunările periodice, dând Frăţiei şi nişte rânduieli, aşa cum făcuseră mulţi dintre înaintaşii săi amintiţi în legendă.

Dar după aceea, din cauza războaielor, Masoneria a suferit până la urcarea pe tron a regelui Athelstan. Acesta avea o afecţiune deosebită pentru masoni, iar fiul său Edwin şi mai mult, fiind de altfel şi primit în Ordin. El le-a dăruit masonilor un hrisov nou de recunoaştere şi dreptul de a avea adunare cu toţii în fiecare an. Edwin a pus să se adune legendele despre masoni într-o carte şi a tocmit Rânduielile noastre cu ocazia unei adunări ţinute la York.

În acest punct, istoria noastră legendară se rupe în mod abrupt, iar Rânduielile masonice actuale apar în întregime în manuscrise, mult mai târziu. Romanticii masoni din secolul al XVIII-lea nu au avut nicio ezitare de a umple acest gol şi au imaginat o foarte mulţumitoare continuare a istoriei legendare a Masoneriei, începând de la Sfântul Alban până în timpurile lui Sir Christopher Wren[1]. Regele Alfred ar fi fost patronul nostru, la fel ca şi Edward Confesorul, Edward al III-lea, Henric al VI-lea, Henric al VII-lea, şi toată dinastia Stuart. Sfântul Dunstan ar fi fost Mare Maestru, la fel fiind toţi marii arhitecţi ale căror nume puteau fi identificate până la Sir Christopher Wren, iar Frăţia ar fi construit toate marile edificii din ţară, inclusiv Turnul Londrei.

Faptul că masonii operativi au construit catedralele este evident, iar că erau organizaţi în loji, aveau cuvinte de trecere, ceremonii şi simboluri poate fi considerat ca deja stabilit. Dar să spunem că ei aveau simbolistica noastră, ritualurile noastre sau chiar cuvintele noastre de

[1] Sir Christopher Michael Wren (1632–1723), unul dintre cei mai iluştri arhitecţi englezi. A reconstruit multe biserici din Londra distruse de incendiul din 1666, printre care şi capodopera sa, Catedrala St Paul din Ludgate Hill, finalizată în 1710.

trecere este cu totul altceva. Cu atât mai puțin există dovezi istorice pentru a afirma că existau masoni nonoperativi în Anglia înainte de Elias Ashmole și de contemporanii săi, poate cu excepția lui Edwin, dacă dăm crezare celor scrise în Vechile Rânduieli. În ceea ce-l privește pe Sir Christopher Wren, cu siguranță el nu a fost niciodată Mare Maestru, din simplul motiv că în vremea lui nu exista această funcție, și oricum nu s-a găsit nicio dovadă că ar fi fost mason.

Ar fi instructiv să încercăm să facem un fel de analiză a legendei pe tot parcursul ei și să vedem dacă găsim în ea vreo urmă de evenimente istorice reale.

În primul rând, chiar dacă versiunile existente ale Vechilor Rânduieli sunt toate ulterioare anului 1400 – *Poemul Regius* datează cam de atunci –, legenda se oprește brusc cu Edwin la York.

Cele două manuscrise, *Regius Poem* și Cooke MS, vorbesc despre Vechile Scrieri ale Masoneriei, dar, indiferent de momentul în care s-a născut legenda, nimeni nu a făcut vreo încercare de a o menționa înainte de anul 1400. După toate probabilitățile, cel care a compilat manuscrisul Cooke era un erudit, chiar îndreptățit să scrie o asemenea continuare a poveștii. Folosind același raționament, trebuie să presupunem fie că legenda originală s-a născut imediat după ultimele fapte pe care le descrie, respectiv în jurul anului 926, iar următorii grămătici au copiat-o așa cum era, fără dorința de a o completa, fie că a fost scrisă la o dată ulterioară evenimentelor, de cineva care a avut un motiv anume pentru a se opri la Athelstan.

Prima variantă nu se poate susține, din cauză că se cunoaște faptul că între Cooke MS și Lansdowne MS există o amplificare importantă a legendei, iar în Cooke MS legenda se regăsește în două variante, prima fiind mult mai scurtă.

În sprijinul celei de-a doua ipoteze avem faptul că Richard al II-lea le-a cerut tuturor ghildelor, religioase și meșteșugărești deopotrivă, să declare cum s-au format, care le erau regulile de funcționare și ce proprietăți aveau. Avem un număr mare de documente care au fost transmise de ghilde și, cu toate că cele religioase nu aveau nevoie de un hrisov de înfiinţare sau de o licenţă pentru a funcţiona, ar fi fost în avantajul unei ghilde de meşteşugari să poată arăta un hrisov, ceea ce le-ar fi întărit poziţia în burgul de baştină şi poate chiar le-ar fi oferit un drept de întâietate. Numai că până la începutul secolului al XVII-lea nu găsim obligatoriu ca un grup de meşteşugari să aibă nevoie de o licenţă orăşenească pentru a funcţiona, iar în acele vremuri oraşul în sine era o confederaţie de bresle.

De aceea, este posibil ca întreaga legendă, cu toate menţiunile sale repetate despre rânduieli şi hrisoave, să fi fost scrisă în respectivele timpuri, luând forma care este descrisă în versiunea lungă din Cooke MS, dar fără trăsăturile specifice acestui document. Chiar şi aşa, cu siguranţă legenda s-a bazat pe tradiţia orală, iar aceasta, în cea mai simplă formă a sa, se găseşte probabil în cea de-a doua versiune scrisă în Cooke MS. Este cel puţin probabil ca Rânduielile, „articolele şi punctele", după cum sunt numite, să fi existat într-o formă scrisă la care a fost adăugată tradiţia orală.

În capitolul III am arătat un posibil motiv pentru care un grămătic l-ar fi ales pe Athelstan, mai degrabă decât pe oricare alt rege, ca fiind cel care a dăruit hrisovul. Desigur, mai exista şi o posibilitate ulterioară, aceea că o reorganizare reală a Frăţiei a avut loc în timpurile lui Edwin, atunci când regulile reale au fost promulgate, fiind transmise mai departe prin tradiţia orală către generaţiile următoare.

În ambele versiuni ale legendei, aşa cum le avem, se spune că Masoneria noastră a venit din Franţa, fiind originară din Orient.

Preston afirmă că Iulius Caesar a fost mason şi sugerează că şi druizii deveniseră masoni prin învăţarea misterelor pitagoreice. Aparent, ei i-au iniţiat pe cuceritorii romani, iar mai târziu Carausius[1] a renăscut meşteşugul după ce a scuturat jugul roman, iar Sfântul Alban a fost ajutorul lui. Cu toate acestea, după cum am văzut, Vechile Rânduieli preferă să îi atribuie Sfântului Alban aducerea Masoneriei

---

[1] Marcus Aurelius Mausaeus Valerius Carausius, comandant militar roman care a uzurpat puterea în 286, declarându-se împărat al Britanniei. A murit şapte ani mai târziu, asasinat de Allectus, ministrul său de finanţe.

în Anglia, şi mi-e teamă că Preston nu poate fi considerat o autoritate în materie.

Dacă presupunem că subiectul descrierilor este ştiinţa de a construi – adică proprietăţile geometrice ale pătratului şi cercului –, după toate probabilităţile ar fi corect să spunem că aceste cunoştinţe au apărut în Egipt şi s-au răspândit în zona Mediteranei. După cum am văzut, indiferent ce au adus romanii în Britannia, nu ar fi putut supravieţui invaziilor daneze şi saxone, tot ceea ce a rămas fiind un creştinism de tip estic.

Următorul val de învăţături ar fi venit din Franţa. Este evident că la Vechile Rânduieli pe firul cronologic există o problemă în acest punct al istoriei. Martiriul Sfântului Alban a avut loc în anul 300, iar Carol Martel a devenit renumit în 732. În unele manuscrise este confundat cu Charlemagne, care a murit în 814. Fără îndoială, Charlemagne este un nume mult mai bine cunoscut. De asemenea, numele Aymon îi aparţine unui cavaler al lui Charlemagne, care a fost una dintre figurile proeminente ale baladelor închinate marelui rege. În acest punct putem să facem o foarte satisfăcătoare presupunere, nu pentru Masoneria Operativă, ci pentru ştiinţa construcţiilor, dacă sesizăm menţionarea înălţării primei catedrale închinate Sfântului Alban. Aceasta s-a întâmplat în timpul domniei lui Offa, rege al Merciei, aproximativ în anul 790, adică în timpul lui Charlemagne, când se cântau balade despre victoria lui Carol Martel asupra maurilor.

Ce este mai natural decât să presupui că masonii aduşi de Offa să reconstruiască Verulamul[1] roman au adus cu ei ceea ce a devenit ulterior secretele noastre operative? Ştim că Offa avea legături cu estul, dar şi cu sudul Europei. După cum deja am spus, Masoneria Operativă nu poate fi mai veche decât celelalte ghilde. Dar dacă învăţăturile pe care breasla trebuia să le ducă mai departe şi să le păstreze secrete au ajuns în Anglia atunci când Offa a construit Catedrala Sfântul Alban, putem să presupunem că un Supraveghetor din rândurile lor le-a mărit

[1] Verulamium, oraş antic roman din Britannia, locul de martiriu al Sfântului Alban.

salariile şi i-a ridicat pe lucrătorii englezi la nivelul meşterilor veniţi din Franţa sau din altă parte.

Athelstan era fiul nelegitim al lui Edward cel Bătrân, iar Edwin de York era fratele său vitreg şi fiu legitim al lui Edward. Este corect să spunem că între domniile lui Offa şi Athelstan, Anglia a fost sfâşiată de bătălii şi disensiuni, ceea ce este o altă confirmare a sugestiei de mai înainte şi un indiciu că în acest punct legenda noastră a atins ţinutul ferm al istoriei.

S-a spus că menţionarea repetată a lefurilor în legendele noastre era intenţionată a servi interesele breslei în secolul al XV-lea, iar în legătură cu salariile pe care Sfântul Alban le-a obţinut pentru Frăţie, acest pasaj este un exemplu interesant de adăugire ulterioară a unor informaţii în textul legendei.

Lefurile reale prevăzute în Statutul Lucrătorilor[1] din anul 1350 pentru tâmplari şi alţi meşteşugari cu meserii de natură mecanică erau în general de 3 penny pe zi, dar pentru un meşter mason lucrător în piatră era de 4 penny. Şi fiindcă plata se făcea zilnic şi nu săptămânal, neplătindu-se nimic pentru sărbători, asta nu însemna mai mult de 2 şilingi pe săptămână. Salariile plătite efectiv artizanilor, după cum spune Meredith[2] în a sa *Istorie a economiei*, erau în anul 1350 de 3 penny pe zi; înainte de 1400 erau 4 penny pe zi; între 1400 şi 1450 între 5 penny şi 6 penny; 6 penny până în 1530, iar după aceea s-a înregistrat o creştere la 7 penny urmată de una la 11 penny.

Dacă presupunem că lefurile constructorilor erau un pic mai mari decât cele ale celorlalţi meşteşugari, atunci ei câştigau jumătate de coroană pe săptămână înainte de 1450, iar după 1450 cel

---

[1] Lege adoptată în Parlamentul Angliei în timpul domniei regelui Edward al III-lea, prin care se limita nivelul salariilor şi se restricţiona dreptul lucrătorilor de a munci în altă parte decât în localitatea de reşedinţă, ca măsuri împotriva creşterii pretenţiilor lucrătorilor urmare scăderii forţei de muncă din cauza epidemiei de ciumă care a ucis între 30 – 50% din populaţia Europei, inclusiv a Angliei.

[2] Hugh Owen Meredith (n.1878- d.1964), autor al lucrării *Outlines of the economic history of England: a study in social development*, publicată în 1908.

puţin tot atât, chiar dacă erau şi zile de sărbătoare sau unele în care se lucra mai puţin. Acestea fiind realităţi ale timpurilor respective, este greu de crezut că astfel de informaţii puteau fi introduse în legendă înainte de anul 1450. Pe de altă parte, ar fi putut fi inserate oricând după ce lefurile au fost stabilizate prin Statutul Lucrătorilor. Şilingul, echivalentul a 12 penny, este de origine normandă. Nu apare până în anul 1504, la a treia emisiune monetară a regelui Henric al VII-lea. Şilingul saxon era o monedă de referinţă, echivalent a 4 sau 5 penny, iar în unele locuri chiar a 20 de penny. William I i-a fixat valoarea la 4 penny, dar în acelaşi timp a introdus şi şilingul normand cu valoarea de 12 penny, care în cele din urmă l-a înlocuit pe cel saxon, care poate fi găsit ca monedă de referinţă în diferite Statute, de exemplu, în cel din anul 1266, perioada lui Henric al III-lea, în *Assize of Bread and Ale*[1] şi în alte documente ulterioare. Este clar că nici Sfântul Alban şi nici chiar Athelstan nu ar fi putut să stabilească lefuri folosind ca monedă şilingul normand. Fără îndoială că tradiţia orală a menţionat la început doar că salariile au crescut, iar în Cooke MS se spune simplu că Sfântul Alban a dispus ca masonii să primească lefuri corecte. Introducerea valorii de 2 şilingi şi 6 penny, cel mai des menţionată în Vechile Rânduieli, s-a făcut probabil înainte de mijlocul secolului al XV-lea, dar după anul 1350.

Referirile la Euclid, despre care se vorbeşte peste tot, cu excepţia versiunii scurte a legendei din Cooke MS, ne oferă un alt indiciu pentru a stabili când a apărut legenda, deoarece aparent lucrările lui erau necunoscute în Anglia înainte de Adelard of Bath[2], care a scris primul despre ele în anul 1130.

---

[1] Lege medievală din Anglia secolului al XIII-lea, prin care se reglementau preţul, greutatea şi calitatea pâinii şi a berii care erau produse şi vândute în oraşe, sate şi cătune.

[2] Adelard of Bath (cca 1080 – cca 1152), filozof englez cunoscut pentru operele sale originale, dar şi pentru traducerea în limba latină a unor importante lucrări ştiinţifice greceşti şi arabe din domeniile astronomiei, astrologiei, filozofiei şi matematicii.

Acesta este un alt argument împotriva datării înainte de respectivul an a legendei, în forma sa extinsă. Este adevărat că Boethius[1] a tradus operele lui Euclid în secolul al VI-lea, și ne-am aștepta ca la mănăstiri să se fi păstrat ceva din ele, dar se pare că nu este așa.

Pe de altă parte, așa cum am mai arătat, este sigur că, pe lângă orice posibile informații dobândite din documente, masonii operativi din secolul al XI-lea și chiar de dinainte aveau cu siguranță cunoștințe solide de geometrie. Este de remarcat faptul că în versiunea scurtă a legendei din Cooke MS nu se vorbește despre Euclid, un nume grecesc, ci de Englet și Englat, forme evident saxone ale respectivului nume. Cum am mai spus, probabil că această versiune scurtă este legenda în cea mai veche formă a sa. Este posibil ca aici să avem păstrată tradiția orală a masonilor operativi din Anglia Saxonă? Autorul manuscrisului a avut cu siguranță acces la izvoare istorice variate, deoarece este singurul care îl menționează pe Pitagora, care nu mai apare în versiunile ulterioare ale legendei. Trebuie să notăm aici că Pitagora era specializat în geometrie, iar Hermes nu. Despre fiecare se spune că ar fi recuperat una dintre coloane după Potop, dar ar fi mai logic să considerăm că în tradiția orală a masonilor este mult mai posibil să se fi păstrat Pitagora decât Hermes. Cu siguranță că Pitagora ar fi fost un nume mult mai familiar pentru călugărul care a compilat manuscrisul în secolul al XI-lea. Poate că ar fi potrivit ca în acest stadiu să introducem un citat din Gould. El spune:

> „Determinarea cu precizie a vechimii tradițiilor masonice, în afara celei stabilite prin izvoarele scrise, nu s-ar baza decât pe pure speculații și ar fi o regretabilă pierdere de timp."

---

[1] Anicius Manlius Severinus Boethius (cca 480 – cca 525), filozof roman născut într-o familie foarte veche și influentă, de unde au provenit o serie de împărați și consuli romani. La vârsta de 25 de ani era deja senator. Cu toate că avea funcția de *magister officiorum* (șeful guvernului și al tuturor serviciilor judiciare), regele Teodoric cel Mare a poruncit să fie executat, bănuindu-l de conspirație și complicitate cu rivalul său, împăratul Iustinian al Imperiului Roman de Răsărit.

Trebuie să observăm că studierea omisiunilor din legendă ar fi la fel de utilă ca oricare analiză a firului său narativ, atât de confuz și inconsistent istoric. Ar fi ridicol să ne așteptăm ca legenda să fi apărut înainte de secolul al VIII-lea, deoarece răspândirea secretelor noastre operative de-abia începuse să se producă dinspre Mediterana și încă nu exista nicio ghildă egoistă care să le păzească sau să le menționeze în scris. După acea epocă, apariția legendei poate fi considerată foarte posibilă, ca fiind o relatare succintă a răspândirii meșteșugului construcțiilor și a creșterii prestigiului și a gradului de organizare a Frăției, înainte de formarea breslelor. Legenda nu spune nimic despre Roma, persecuții și martirizări, cu excepția istoriei grupului Quatuor Coronati care au fost martiri creștini, dar nu erau masoni. De asemenea, nu se spune nimic despre Egiptul piramidelor, iar aceasta nu numai că infirmă teorii la modă despre originea noastră, ci are tendința de a-mi confirma argumentele în privința vechimii reale a Ordinului nostru.

Tentativele de a face povestea mai rațională sau de a aduce puțină coerență istorică în cronologia sa au fost mult prea numeroase pentru a le aminti aici.

Cele două mari dificultăți existente în calea acestor tentative sunt Namus Graecus și Sfântul Alban, cel din urmă deoarece nu a trăit după Carol Martel, lucru observat mai înainte. Deja am indicat posibile explicații pentru aceste două aspecte demne de a fi luate în seamă. Sfântul Alban poate fi un nume care să-l indice nu pe străvechiul martir, ci pe Alcuin de York[1], al cărui nume latinizat ar fi devenit Albinus. A fost contemporan cu Charlemagne, și s-a sugerat că regele francez menționat în legendă ar trebui să fie Charlemagne, mai degrabă decât bunicul său Carol Martel. Deja am văzut că Aymon a fost unul dintre cavalerii lui Charlemagne. Alcuin a fost un mare constructor și un om de o erudiție deosebită.

---

[1] Alcuin of York (cca 735–804), învățat englez, poet și dascăl. A lucrat la curtea lui Charlemagne, unde a devenit cel mai de seamă profesor. A scris multe tratate teologice, precum și o serie de poeme și lucrări de gramatică.

Dar, în dorința noastră de a corecta această fantastică legendă, nu trebuie să facem greșeala de a încerca să fim mai înțelepți decât cei care au scris-o, pentru că ei ar fi complet indiferenți la canoanele moderne ale adevărului istoric. Putem fi siguri că oamenii neștiutori de carte, care o ascultau, nu aveau nicio îndoială că Hermes a găsit coloana cu învățături, în același timp acceptând fără niciun fel de comentarii longevitatea pusă în seama lui Namus Graecus, pe care oricum nu ar fi putut să o verifice.

V

CELE MAI VECHI DOCUMENTE MASONICE

Numeroasele referiri la francmasoni şi la loji, care se găsesc în documente precum manuscrisele pe pânză aflate în diverse catedrale, înscrisurile ghildelor sau Statutele lor, vor fi abordate ulterior.

În capitolul de faţă propun să ne ocupăm de documentele vechi care ne aparţin integral nouă ca masoni, respectiv Vechile Rânduieli, Statutele Schaw[1], Cooke MS şi *Poemul Regius*. Există peste şaizeci de versiuni ale Vechilor Rânduieli, dar ele sunt atât de asemănătoare încât este sigur că derivă dintr-o singură sursă, care s-a pierdut. În timpul copierii, de multe ori textelor originale le-au fost aduse modificări sau completări, în anumite cazuri fiind făcute adăugiri atât de considerabile încât este necesar să ne oprim asupra lor.

Cea mai veche versiune care există este Lansdowne, datând aproximativ de la mijlocul secolului al XVI-lea, iar ultima care conţine adăugiri importante este cunoscută sub numele de Harleian MS, datată undeva la mijlocul veacului al XVII-lea. Clasificarea diverselor

---

[1] Coduri alcătuite în 1598 şi 1599 de William Schaw, înalt demnitar la curtea Regelui James al VI-lea al Scoţiei, prin care se reglementau îndatoririle masonilor operativi faţă de societate şi faţă de loja din care făceau parte. Astfel s-au pus bazele constituirii lojilor masonice permanente, aşa cum le cunoaştem în prezent.

versiuni ale Vechilor Rânduieli pe „familii", în funcție de examinarea critică a textelor, a fost făcută de dr. Begemann[1], care a dedicat acestui subiect mai mult de o treime din primul volum al recent publicatei sale istorii, dar într-o carte atât de mică nu este posibil să faci mai mult decât a arăta principalele caracteristici ale fiecărei familii și să prezinți pe scurt diferența față de o versiune tipică.

Istoria legendară este prezentă în toate versiunile, dar în trei forme distincte. În primul rând, avem legenda scurtă din cea de-a doua parte a Cooke MS, care este specifică numai acestui manuscris. În al doilea rând, avem versiunea mult extinsă a legendei care se află în prima parte a Cooke MS, unde în mod special se amintește de Sf Amphibalus. Tot aici se povestește cum a recuperat Pitagora cea de-a doua coloană a înțelepciunii, dându-se și alte detalii asemănătoare. Toate acestea reapar într-o altă versiune, manuscrisul William Watson din 1687, dar cu suficiente diferențe pentru a ne arăta că respectiva versiune nu vine din Cooke MS (care el însuși nu este decât o transcriere), ci dintr-un original comun ambelor documente. În cele din urmă avem ceea ce poate fi numit varianta standard a legendei, fără Amphibalus, fără Pitagora, dar cu Namus Graecus.

Dr. Plot[2], într-o istorie a comitatului Staffordshire publicată în 1686, vorbește despre Fracmasonerie, iar Istoria Legendară așa cum o prezintă el este în mod clar bazată pe o versiune a Vechilor Rânduieli care corespund cu manuscrisul William Watson. Din această cauză, „familia" căreia îi aparține această variantă a fost numită Familia Plot și conține doar patru versiuni: versiunea necunoscută care a stat la baza relatării dr. Plot, William Watson MS, Heade MS și fragmentatul Crane MS.

---

[1] Dr. Wilhelm Begemann (n. 1843 – d. 1914), unul dintre cei mai importanți istorici masoni germani, autor al cărții *Vorgeschichte der Freimaurerei in England (Istoria Francmasoneriei în Anglia)*, apărută în două volume separate, în 1909–1910.

[2] Robert Plot (1640–1696), naturalist englez, primul profesor de chimie de la Universitatea Oxford, autor al lucrării *The Natural History of Staffordshire.*

Cea de-a doua familie este numită „Grand Lodge“ (Marea Lojă), care prezintă legenda în forma ei standard și conține în prezent 10 subdiviziuni și 39 de versiuni.

Urmează „Sloane Family“, una dintre diferențele față de grupul anterior fiind aceea că menționează alte sume pentru salariile obținute de Sfântul Alban pentru Frăție. Include 15 versiuni grupate în 4 diviziuni.

Trăsătura principală a următoarei familii, „Roberts Family“, este adăugarea unor reguli pentru ucenici, care, cu mici excepții derivate din exprimarea literară, ar putea fi aplicate oricărui candidat care vrea să fie primit într-o ghildă, indiferent de meșteșugul practicat acolo. Această familie conține patru versiuni, deja menționatul Harleian MS fiind prima dintre ele. Mai include și așa-numitele New Articles (Articolele Noi), care îi sunt specifice și care sunt evident introduse pentru masonii acceptați sau speculativi.

Ultima familie este „Spencer Family“, cu patru versiuni. Este formată din documente mai târzii și conține fapte istorice adăugate. Mai există și câteva alte versiuni care nu au fost incluse în nicio familie. Aceste numeroase documente, fără a face abstracție de particularitățile lor individuale, au toate o structură generală similară. Încep prin a invoca Sfânta Treime, după care continuă, mai mult sau mai puțin, astfel:

> „Bunilor frați și meșteri, țelul nostru este de a vă povesti cum a început acest însemnat meșteșug al Masoneriei.“

Urmează o prezentare a celor șapte științe și arte liberale, iar Istoria Legendară, despre care am vorbit în capitolul anterior, este citită în continuare.

Nimrod, sau Nemorth, le-a dat constructorilor săi niște Rânduieli, prin care le-a spus că trebuie să fie cinstiți unul cu celălalt și să se iubească, dar cu toate că se spune că le-a mai dat și două porunci privind meșteșugul lor, nu știm nimic despre acestea.

Și despre Euclid se spune că ar fi introdus o rânduială ale cărei prevederi principale erau următoarele: masonii să fie credincioși regelui, să ţină unul la altul, să se numească fraţi între ei, să-şi câştige salariile, să-l pună în fruntea lucrărilor pe cel mai priceput dintre ei, căruia să-i spună maestru, precum şi „multe alte porunci care sunt prea lungi ca să mai vorbim despre ele". De asemenea, Euclid le-a impus masonilor ca o dată pe an să organizeze o adunare la care să vină toţi.

După încheierea Istoriei Legendare, urmează regulile aflate în vigoare, pe care trebuiau să le respecte membrii Frăţiei, despre acestea spunându-se că au fost acceptate de Maeştri şi Calfe[1] la adunările din trecut. Ele sunt alcătuite dintr-o serie de reguli generale, urmate de unele speciale pentru Maeştri şi Calfe, iar manuscrisele din familia Roberts prevăd şi nişte reguli pentru ucenici, după cum am spus deja. În acest moment se precizează că, înainte de a asculta poruncile, candidatul trebuie să depună un jurământ. Harleian MS conţine o formă completă a acestuia, care se pare că a fost alcătuit astfel încât să poată fi depus şi de masonii speculativi.

Mă voi întoarce la aceste diverse rânduieli după ce voi epuiza subiectul manuscriselor Cooke MS şi *Regius Poem*, dar în timp ce este clar că învăţăturile morale erau cunoscute şi respectate, regulile concrete după care lucrau masonii operativi în secolul al XVI-lea, de exemplu, trebuie să fi fost total diferite de cele cuprinse în Vechile Rânduieli care erau considerate doar o tradiţie preţioasă. Oricum, într-o lojă speculativă respectivele tradiţii trebuie să fi fost considerate lipsite de sens. Cu toate acestea, aflăm că până târziu în 1766, loja Bedford din Londra a folosit în ceremoniile sale propria copie a Vechilor Rânduieli, manuscrisul cunoscut sub numele de Harris nr. 2, doar din 1766 recunoscând autoritatea Marii Loji a Angliei şi conformându-se noului ritual.

Cooke MS, datat la începutul secolului al XV-lea, este de fapt o transcriere făcută de un grămătic nu prea iscusit a unei compilaţii care probabil era mai veche cu 50 de ani. Compilaţia în sine era alcătuită din Istoria Legendară povestită într-o manieră dezlânată, la care s-au adăugat multe detalii specifice acestui manuscris, dar şi versiunii din

---

[1] *Fellows* în original, adică meseriaşi, lucrători ai ghildei, confraţi.

1687 a William Watson MS. Apoi, se pare că autorul a copiat un manuscris şi mai vechi, în care se aflau o variantă prescurtată a legendei şi două seturi de Rânduieli. Despre primele nouă „articole“ se spune că au fost promulgate la o adunare generală ţinută în vremea lui Athelstan, după ele urmând alte nouă „puncte“ despre Masonerie.

Cele mai multe versiuni ale Vechilor Rânduieli se încheie de regulă aici, cu o poruncă de păstrare a secretului. Totuşi, în Cooke MS mai există o serie de reguli despre organizarea adunărilor, instrucţiuni pentru primirea de „oameni noi“, o menţionare a respectării jurisdicţiei Şerifului[1] şi în încheiere afirmaţia că adunarea a fost constituită pentru ca toţi masonii, indiferent de grad, să fie ajutaţi cu adevărat pentru a-şi practica arta pe tot cuprinsul Angliei. După care urmează acea frază bine cunoscută, care încheie de obicei Vechile Rânduieli:

„Amin. Aşa să fie!“

Poemul Regius este de fapt cel mai vechi document al nostru, cu toate că documentul original după care a fost copiat Cooke MS putea să fie la fel sau chiar mai vechi, şi conţinea cu siguranţă scrieri anterioare. Dar, faţă de Cooke MS, *Poemul Regius* este un document de o altă factură. Se pare că autorul lui a fost un om al Bisericii care a adaptat legenda pentru a servi unui scop anume, lăsând deoparte ceea ce nu l-a interesat. De asemenea, a introdus un set de puncte şi articole care au apărut mai târziu faţă de cele din Cooke MS. El începe cu nobilii şi consoartele lor, care, neputând să găsească o ocupaţie pentru odrasle, au hotărât ca marele învăţat Euclid să-i înveţe pe copii geometria, considerată cea mai respectabilă dintre ştiinţe. După acest pasaj sunt enumerate Rânduielile stabilite de Euclid, după care se trece direct la Athelstan, care a poruncit o adunare a întregii Frăţii şi a trasat 15 articole şi 15 puncte pentru funcţionarea Meşteşugului. Aceste reguli sunt enunţate în întregime. Apoi

[1] Înalt dregător al unui comitat din Anglia medievală, şef al administraţiei şi poliţiei, funcţie echivalentă cu cea de prefect din prezent.

se produce o schimbare de versificație și se amintește de instituirea adunării anuale, după care trecem la un element caracteristic respectivului manuscris, adică legenda grupului Quatuor Coronati, care are 37 de rânduri. Despre Quatuor Coronati se spune că ar fi respectat Rânduielile conform articolelor și punctelor menționate în manuscris.

Cei patru au fost adevărații sfinți patroni ai constructorilor. Nu se știe cu exctitate când s-a produs acest lucru. Ca martiri au fost venerați încă din timpurile de început, având o biserică închinată lor la Canterbury înainte de perioada Sfântului Augustin. Ar fi putut să aibă unele legături cu Maeștrii Comancini, deoarece este posibil ca ei să fi fost executați la Milano, care nu este foarte departe de Como, locul unde se afla acea iscusită și cumva misterioasă ghildă care ar fi putut să-i adopte ca patroni ai meșteșugului lor.

Numele celor patru și detaliile legendei sunt prezentate diferit în diversele relatări despre martiriul lor. În orice caz, ei erau sculptori și poate chiar arhitecți, iar pentru o ghildă de constructori ar fi fost foarte greu să găsească alți sfinți mai potriviți pe care să-i aleagă ca patroni. Tâmplarii l-au ales patron pe Sfântul Iosif, în timp ce Sfântul Toma se pare că a fost adoptat mai degrabă de arhitecți și nu de meșteșugari, cu toate că emblema sa este echerul dulgherului. Quatuor Coronati au ca simboluri ferăstrăul, ciocanul, maiul, compasul și echerul, în total cinci unelte. Aceasta din cauza faptului că legenda lor este foarte confuză și uneori spune că ei ar fi fost cinci la număr, dar de fapt adoptarea respectivelor simboluri s-a făcut mult mai târziu decât alegerea lor ca sfinți patroni. Una dintre cele mai vechi relatări despre Quatuor Coronati provine din Germania, în 1459, dar se știe și despre o Confrerie (ghildă) de sculptori și constructori din Roma, care a fost constituită prin invocarea lor în 1406. Data apariției *Poemului Regius* este aproximativ anul 1400, și probabil că în el se află una dintre cele mai vechi mărturii despre legătura dintre Ordinul nostru și cei patru sfinți martiri. Totuși, acest lucru nu înseamnă neapărat că legătura în sine s-ar fi născut în Anglia.

După acest episod, poemul se întoarce la Istoria Legendară și povestește despre turnul Babilonului, construit de Nabucodonosor, după care este menționat din nou Euclid și se prezintă cele șapte arte și științe liberale. În continuare, autorul poemului dă sfaturi despre comportamentul la biserică și în alte locuri, ceea ce nu pare a avea vreo legătură cu meseria de constructor, fiind de fapt reproduceri exacte ale două scrieri din secolul al XIV-lea, *Instructions for a Parish Priest*[1] și *Urbanitatis*[2]. Manuscrisul se încheie aici, ultimul vers fiind:

„Amin! Amin! Așa să fie
Spunem noi toți, cu-adevărat"

astfel încât ne întâlnim din nou cu familiara formulă masonică, așa cum se întâmplă și în Vechile Rânduieli. Nu putem spune cu siguranță dacă autorul acestui poem a fost mason sau nu, dar cu siguranță a avut acces la documente masonice mai vechi, iar cel care a scris Cooke MS se pare că a făcut parte din Masonerie, deoarece vorbește despre Frăția „noastră".

Diferitele materiale care au stat la baza alcătuirii acestor manuscrise pot fi clasificate astfel:

a. Rânduielile lui Euclid și Athelstan, plus legenda lui Euclid.
b. O serie de amănunte introduse în legendă, specifice versiunii mai lungi din Cooke MS, împreună cu o versiune ulterioară.
c. O mare parte din legendă care este omisă în *Poemul Regius*, dar există în toate celelalte documente.
d. Anumite fragmente din legendă care nu apar până la Lansdowne MS și în unele copii mai târzii ale Vechilor Rânduieli, respectiv referirile la Namus Graecus.

---

[1] Text scris către sfârșitul secolului al XIV-lea în comitatul Shropshire, Anglia, care conține instrucțiuni pentru preoții parohi, privind diverse aspecte pastorale, inclusiv rugăciunile și slujbele.

[2] Ghid de bună purtare în societatea acelor vremuri, în care sunt menționate reguli de comportament în prezența seniorului și a altor nobili, atitudine respectuoasă față de semeni, purtarea la masă etc.

În baza acestei clasificări putem să alcătuim următorul tabel:

Manuscrisul original necunoscut	conține (a)
Poemul Regius	conține (a)
O versiune necunoscută (nu a fost copiată ulterior)	conține (a), (c) și varianta mult extinsă a legendei, care de fapt nu a fost preluată de Frăție
Manuscrisul Cooke	conține (a), (b), (c) și seria diverselor variante ale Vechilor Rânduieli
Manuscrisul William Watson (care conține și a doua legendă, sau varianta scurtă)	conține (a), (c) și (d)

În legătură cu posibila datare a originalului după care a fost copiat Cooke MS, sau a versiunii în formă lărgită a Cooke MS, nu putem să ne hazardăm în a face nicio apreciere, cu excepția celei menționate în capitolul precedent, respectiv că Euclid ar fi putut să apară sub acest nume în documente doar după anul 1130.

Cu atât mai puțin putem să ne aventurăm în a stabili o vechime, chiar și aproximativă, a legendei în cea mai simplă formă a sa, în afară de faptul că în mod obligatoriu trebuie să fie ulterioară lui Athelstan și Edwin. Dacă analizăm Rânduielile, găsim un proces de extindere asemănător, dar în acest caz Cooke MS ne dă o formă mai scurtă, deci mai timpurie, iar *Poemul Regius* conține articole și puncte adiționale. După cum am văzut, în Vechile Rânduieli a fost introdus mai târziu un set complet nou de articole cu reguli pentru ucenici, iar Harleian MS conține prevederi pentru masonii speculativi.

În cea mai veche dintre cele patru versiuni scoțiene ale Vechilor Rânduieli găsim adăugate reguli suplimentare complet diferite față de modelul englez, prin care se face trimitere la o practică familiară lojilor scoțiene, dar necunoscută celor engleze, aceea de a-i cere ucenicului să treacă o probă de lucru înainte de a fi acceptat ca membru cu drepturi depline, sau „Confrate“, cum ar fi spus meșterii englezi. În alte privințe, manuscrisele scoțiene sunt simple copii ale celor engleze, cum se poate vedea chiar din această versiune care este o transcriere a unui document din 1581 sau dinainte, și în care este introdusă regula generală privind loialitatea față de regele Angliei. Diferența dintre conținutul acestor reguli ne oferă un indiciu asupra faptului că este posibil ca lojile scoțiene, despre care știm că erau încă operative cu mult dincolo de anul 1581, erau mult mai interesate să-și actualizeze regulile decât lojile engleze, care, după sfârșitul secolului al XVI-lea deveniseră aproape în întregime speculative. Nu îmi propun să arăt în detaliu articolele și punctele. Vom analiza în capitolele următoare cât de multe dovezi conțin aceste manuscrise despre existența gradelor, semnelor de recunoaștere și ritualurilor, în vremurile operative.

Ne mai rămâne doar să studiem Statutele Schaw, ultimul dintre vechile noastre documente. Ele consistă dintr-un set elaborat de articole sau reguli, fără nicio legătură cu istoria legendară sau cu referiri la cele șapte științe și arte liberale. Ele sunt de fapt reguli practice, stabilite de meșterii constructori adunați la Edinburgh, iar respectarea lor era obligatorie pentru toată breasla.

Prima serie datează din 1598, iar în structura lor generală aceste reguli corespund cu cele folosite și de alte ghilde de meșteșugari. Ele stabilesc aspecte privind alegerea ofițerilor din lojă, restricții în privința primirii de ucenici și alte aspecte pur operative, primele două articole impunând supunere și onestitate.

Următoarea serie a Statutelor Schaw a fost emisă în anul următor, fiind în mod evident modificate pentru vechea lojă din Kilwinning. Ele vorbesc despre loja din Edinburgh ca fiind prima și cea mai importantă din Scoția, despre Kilwinning că a fost cea de-a doua, iar Stirling a treia. Este posibil ca ele să fi fost ceea ce în prezent poartă numele de Mare Lojă Provincială, având autoritate în comitatele lor. În Statute se stabilesc jurisdicția lojii și anumite taxe care trebuiau plătite, iar supraveghetorul este împuternicit să testeze îndemânarea lucrătorilor şi să-i îndepărteze pe cei nepricepuţi, el având şi sarcina de a numi un secretar.

În afară de faptul că ele pot fi considerate o dovadă a vechimii lojilor din Scoţia, aspect pe care nu vreau să-l abordez acum, cel mai important lucru pe care ni-l oferă Statutele Schaw sunt indiciile despre cadrul şi condiţiile în care lucrau masonii operativi din Scoţia, subiect care va fi tratat într-un capitol următor.

VI

MASONII OPERATIVI

Dintre sursele de informare despre Masoneria medievală, menționate în primul capitol, până acum ne-am ocupat doar de propriile noastre documente și de cele predate de ghildă. Cu toate acestea, un volum important de informații despre meșteșugul nostru în vremurile operative poate fi adunat din surse externe, precum pergamentele aparținând catedralelor și unele documente ale Companiei, iar după 1599 avem chiar minute ale ținutelor lojilor scoțiene, în timp ce din secolul al XVII-lea apar mențiuni despre Masonerie în jurnalele și însemnările anticarilor, precum și în literatura curentă, documente care ne plasează în lumina istoriei. În acest capitol și în următorul vă propun să adunăm tot ceea ce se cunoaște despre Ordinul nostru, înainte ca ultimele surse menționate să ne fi venit în ajutor.

Prima folosire a cuvântului francmason ca termen pentru a desemna un meșter constructor s-a făcut în anul 1396 într-un contract scris în limba latină, în care se vorbește despre angajarea a douăzeci și patru de *Lathomos vocatos ffre Maceons*[1]. Expresia arată că acest

[1] Maestru mason al „pietrei libere", o piatră care se poate prelucra ușor, fără a se ciobi sau crăpa.

cuvânt era recunoscut ca fiind un termen tehnic aparținând limbii engleze, fără echivalent în latină. Folosirea lui în acele timpuri era răspândită, deoarece îl găsim menționat la Exeter în anul următor, iar Compania Francmasonilor este specificată încă din 1376 în lista companiilor de meșteșugari din Londra, dar denumirea este modificată și scrisă sub forma de Mason (Compania Masonilor). Dar, indiferent de sensul inițial, încă din acele timpuri termenul desemna un meșteșugar de elită, îndreptățit la un salariu mai mare. Faptul că gruparea din care făcea parte era numită Compania Masonilor ar putea să indice că în anul 1376 sufixul *Free* nu implica nicio distincție, așa cum o făcea în cazul termenului de *Freeman* al ghildei.

De la această dată și până în secolul al XVIII-lea cuvântul mason este folosit în mod repetat pentru a desemna persoane: scris pe pietre funerare, în documente oficiale, în registrele parohiilor și în altele asemenea. Compania londoneză pare a utiliza ambele variante. În hrisovul de acordare a blazonului din 1472 se vorbește despre „Întreaga breaslă și Frăție a Masonilor". În schimb, în anul 1481 este menționată Frăția Francmasonilor din orașul Londra. Mai târziu, dar înainte de anul 1655, titlul folosit este Compania Francmasonilor. După acest an, se amintește numai despre Compania Masonilor, termenul de „francmason" fiind deja perimat ca și denumire dată unei meserii. Când era folosit la nivel de persoane, aparent desemna doar meșteșugul și nu există nicio dovadă că ei erau numiți astfel deoarece erau membri ai Companiei din Londra. De asemenea, nu putem spune că respectivele persoane erau și constructori, și membri ai unei frății speculative, în acele timpuri îndepărtate. Mai târziu, în anul 1686 îl avem pe William Bray, care se descrie ca fiind *freeman* din Londra și francmason, nefiind însă membru al Companiei Londoneze, deoarece el era un mason speculativ.

Dr. Begemann rezumă această chestiune astfel:

> „Numele de «mason» este termenul generic din care denumirile *Rough mason* și *Free mason* s-au dezvoltat și au fost adoptate, cuvântul

Freemason indicând de fapt o îndemânare mai mare. Termenul de «francmason» apare de multe ori cu sensul de Maestru al Lucrărilor, dar «Meșterul constructor» care executa lucrările trebuie să fi fost aproape sigur egalul său în măiestrie și în demnitate. După Reformă, odată cu scăderea numărului de catedrale construite s-a produs și declinul francmasonilor operativi. Atâta vreme cât ghilda a continuat să rămână unită, Vechile Rânduieli ale fraternității arhaice conțineau doar termenii de «mason» și «Masonerie», dar odată cu creșterea progresivă a numărului de membri care aparțineau altor profesii, caracterul de breaslă al Frăției a dispărut, masonii operativi au început să se împuțineze, iar masonii speculativi (ca să folosim expresia autorilor englezi) și-au luat denumirea distinctivă de francmasoni, pe care au și introdus-o în diferite pasaje din Vechile Rânduieli. Cu toate acestea, denumirile simple de «mason» și «Masonerie» nu au dispărut. Ele au fost adoptate de Marile Loji nou-apărute, care le-au păstrat sensul și importanța din străvechime. Astfel, între mason și francmason, pe de o parte, și Masonerie și Francmasonerie, pe de altă parte, nu există nicio diferență reală, ci, dimpotrivă, ambele denumiri devenind identice." (Pentru Ordinul nostru, ca să fim exacți.)

În Scoția, denumirea apare prima dată în versiunea Melrose a Vechilor Rânduieli, care este o copie a unui document din 1581, dar sensul dat de scoțieni pare să fi fost întotdeauna acela de *Freeman* mason, respectiv un meșter zidar care nu aparținea ghildelor orășenești sau unei companii. În sensul de membru al Ordinului nostru, în mod invariabil în Scoția se vorbește de masoni înainte de anul 1725, și doar de atunci se pare că au adoptat termenul nostru speculativ. Am arătat în primul capitol dificultățile privind interpretarea originală a termenului *Free.* Sensul dat de scoțieni poate că a perpetuat o semnificație folosită de Frăție în ambele regate, în vremurile mai vechi.

Din punct de vedere filologic, cuvântul „lojă" este de sorginte normandă și gotică, desemnând la origini un acoperiș improvizat, de genul unei aplecători. Era folosit de masonii operativi ca loc de instalare a atelierului, pe parcursul construirii oricărui mare edificiu, fiind întâlnit cu acest sens încă din 1292. Este menționat ca „acoperiș" în 1321, iar expresia „bine acoperit" apare în 1450, dar strict în sens de caracteristică a unei construcții. O trăsătură frecvent întâlnită a contractelor de construcție era prevederea referitoare la loja masonilor. În *Poemul Regius* ucenicul este avertizat să nu vorbească nimănui despre lucrările lojii, dar trebuie să fim rezervați în a concluziona, pe baza acestui document, că loja era „bine acoperită" în anul 1400. De fapt, obligația păstrării secretului era comună mai tuturor Rânduielilor emise de diferitele bresle din acea perioadă. Și în Scoția se folosea termenul „lojă", prima menționare în scris putând fi găsită în registrele burgului Aberdeen în 1491. Un secol mai târziu, în Statutele Schaw se utilizează cuvântul „lojă" cu sensul modern din prezent, pentru a desemna grupul de masoni, nu o construcție improvizată.

În ce măsură s-a extins existența ritualurilor și a gradelor masonice în timpurile străvechi este o chestiune pe care o vom trata în capitolul următor. În orice caz, în ceea ce privește Masoneria scoțiană, autoritățile în domeniu sunt de acord că înainte de anul 1717 aceasta nu avea gradele doi și trei, ele fiind adoptate din Anglia după respectiva dată. Făceau excepție doar două loji, care se pare că după anul 1700 aveau totuși o a doua ceremonie.

Masonului scoțian i se dădea cuvântul de trecere masonic (nu știm care era), iar Lyon[1] spune că acesta este singurul secret despre care se vorbește în primele minute ale lojilor scoțiene. Se pare că secretul era împărtășit între frați într-o ceremonie improvizată care cu siguranță avea cea mai simplă formă posibilă. În același timp, este folosită fraza „secretele cuvântului de trecere masonic", iar anumite expresii din minute arată că, pe lângă acest cuvânt, în Masoneria scoțiană timpurie ar fi existat și o strângere de mână secretă. Acestea erau toate secretele care trebuiau învățate, fiind împărtășite ucenicului sub jurământ.

---

[1] David Murray Lyon (1819–1904), istoric scoțian, autor al cărții *History of the Lodge of Edinburgh (Mary's Chapel) no.1. Embracing an account of the rise and progress of freemasonry in Scotland,* publicată în 1873.

După cum ne-ar îndemna istoria celor două țări să credem, atunci când Masoneria scoțiană și cea engleză au intrat în contact în secolele al XVII-lea și al XVIII-lea, Masoneria scoțiană se afla probabil în stadiul celei engleze din vremurile lui Edward al III-lea, regele Angliei între 1312 și 1377, respectiv o masonerie operativă, preocupată de aspectele practice ale meșteșugului, care avea în mod accidental ceremonii și secrete dintre cele mai simple. Masoneria engleză era o organizație speculativă, care tăiase toate legăturile cu masonii operativi și era preocupată doar de moralitate, simbolism și ceremonial. Numai că în ambele țări masonii speculativi sunt menționați încă din cele mai vechi documente. Cu toate că Statutele Schaw nu amintesc nimic despre această practică, masonii non-operativi apar încă de la primele minute ale lojilor scoțiene, iar în Cooke MS se folosește cuvântul *speculaty* în legătură cu fiul regelui Athelstan, care iubea foarte mult știința construcțiilor (am modernizat textul) și cunoștea la fel de bine ca și masonii faptul că meșteșugul construcțiilor era aplicația practică a științei geometriei, astfel încât se consulta cu ei și îmbina aplicațiile practice cu cele teoretice ale geometriei (*Speculatyf*). A devenit el însuși mason, deoarece era un maestru în teorie (*Speculatyfe*) și iubea foarte mult masonii și Masoneria. El le-a făcut rânduieli și reguli de comportament care sunt respectate și acum în Anglia. În ultimele versiuni ale Vechilor Rânduieli, acest „fiu" al lui Athelstan este numit Edwin, dar cuvântul „speculativ" nu mai apare. De fapt, Edwin fusese fratele vitreg al lui Athelstan, iar Athelstan nu a avut niciun fiu. În orice caz, în zilele apariției Marii Loji, a Angliei, autorii ritualurilor noastre au ales să folosească acest vechi cuvânt, „speculativ", care nu se mai utiliza pe atunci cu sensul avut în Cooke MS și pe care îl are în prezent pentru Ordin. În locul lui ar fi putut să aleagă cuvântul scoțian „geomatic", sau oricare alt termen aflat în uz pe atunci. Pentru regretatul frate Speth aceasta este o dovadă că termenul „speculativ" a supraviețuit până în zilele moderne prin tradiția orală a Frăției.

Oricum a fost, este limpede că practica admiterii în Frăție a unor membri non-operativi care aveau o asemenea poziție sau ținută exista în timpurile când a fost scris originalul manuscrisului Cooke MS, respectiv în anul 1400 sau mai devreme, indiferent dacă admiterea lui Edwin în rândurile Ordinului în secolul al X-lea este un adevăr istoric sau nu. Existența unei cutume similare în Masoneria scoțiană ne îndeamnă să credem că practica era mult mai veche, poate din timpurile când legăturile dintre cele două țări încă nu se rupseseră. Totuși, din acest punct de vedere există o diferență considerabilă între Masoneria scoțiană și cea engleză. Frații non-operativi din Scoția erau admiși în loji care erau încă operative, datorită poziției sociale și a influenței locale pe care le aveau. Nu există indicii pentru a presupune că masonii non-operativi scoțieni, cei despre care avem surse istorice, ar fi avut cunoștințe speciale de geometrie, ca regulă generală. Nici despre eventuali masoni speculativi englezi nu știm nimic înainte de anul 1646, atunci când îi găsim pe Elias Ashmole și pe contemporanii săi care erau anticari și mistici. Ei s-au alăturat din motive personale unei Loji Masonice, ea însăși speculativă, fără nicio intenție de a contribui la dezvoltarea artei construcțiilor, cu care oricum lojile masonice nu mai aveau nicio legătură.

Despre masonii speculativi din vremurile de început putem să presupunem că erau fie clerici, fie chiar arhitecți sau proiectanți, sau studiau geometria. Și este posibil ca protectorii sau angajatorii masonilor să fi fost primiți în loji, dar în realitate nu avem dovezi în acest sens.

Profesorul Hayter Lewis[1] consideră că primul concept de arhitectură gotică trebuie să se fi născut din inspirația unei minți geniale, mai degrabă decât să fi fost o dezvoltare naturală rezultată din necesități constructive. Dar nu există nicio informație științifică despre existența unei asemenea minți geniale. Cei despre care se spune că ar fi construit primele catedrale, cum ar fi William of Sens[2], erau, se pare, antreprenori,

---

[1] Thomas Hayter Lewis (1818–1898), arhitect englez, profesor de arhitectură la University College din Londra între 1864 și 1881.

[2] Arhitect francez din secolul al XII-lea. Se spune că ar fi lucrat la construirea primei catedrale gotice importante, la Sens, în Franța. A lucrat în Anglia, la reconstruirea catedralei din Canterbury, unde a și murit în anul 1180.

meşteri constructori şi chiar proiectanţi. Arhitectul turnului cu vârf conic al catedralei din Salisbury a fost de fapt constructorul acestuia. Un astfel de om ar fi fost în mod evident un mason operativ, care era mult mai iscusit şi mai inteligent decât ceilalţi fraţi din loja sa.

Când ajungem la Gundulf[1], William of Wykeham[2] şi Alan de Walshingham[3], precum şi la mulţi alţii din acea perioadă, se pare că ne aflăm în prezenţa unor clerici care erau şi arhitecţi. Ei nu erau masoni operativi, ci mai degrabă proiectanţi, ceea ce îi plasează în rândurile masonilor teoreticieni sau speculativi. Este greu să presupunem că cei din această clasă nu ar fi fost iniţiaţi în misterele Ordinului, putând astfel să ne imaginăm ce influenţă puternică au avut asupra ceremonialului masonic.

După cum se arată în Statutele Schaw, în vremurile operative mai exista şi o a treia categorie de masoni speculativi, aceştia fiind grămăticii care trebuiau să întocmească contractele lucrărilor. Dar chiar dacă ei au existat cu adevărat în lojile engleze, opera lor este pierdută pentru noi, doar dacă nu cumva le suntem datori pentru versiunile păstrate ale Vechilor Rânduieli. În orice caz, *Poemul Regius* conţine unele pasaje care ne arată că ar fi opera unui cleric, şi deja am spus că toate Vechile Rânduieli erau în proprietatea masonilor constructori de catedrale.

În Companiile din Londra găsim o practică similară de admitere a non-operativilor, în vremea lui Edward al III-lea. În acele timpuri, ghildele meşteşugarilor au reuşit să preia conducerea burgurilor, şi-au făcut tunicile distinctive numite *liveries*, termen folosit şi astăzi de companiile comerciale, însuşi regele devenind membru al Linen

---

[1] Călugăr normand, episcop de Rochester între 1077 şi 1108. „Un om foarte talentat în arta construcţiilor din piatră“, după cum se spune în *Orderic Vital*, o cronică a timpului. A construit Rochester Castle, o parte din Turnul Londrei, Colchester Castel şi altele.

[2] William of Wykeham (1320 sau 1324–1404) a fost episcop de Winchester şi lord cancelar al Angliei. Un talentat arhitect, a condus lucrările de construire sau restaurare a celor mai importante edificii din timpul domniei lui Edward al III-lea.

[3] Călugăr şi arhitect englez (cca 1364), a proiectat şi a construit Trinity Church şi alte câteva capele din cadrul Catedralei Ely din Cambridgeshire, Anglia. Lucrările sale se remarcă prin originalitate şi o deosebită frumuseţe.

Armourers[1]. Acest exemplu a fost urmat de nobili, dar nu avem multe informaţii în acest sens. Originalul manuscrisului după care a fost copiat Cooke MS trebuie să fi fost compilat în perioada în care s-au produs respectivele evenimente, sau imediat după.

Primul mason non-operativ despre care avem dovezi istorice a fost dl John Boswell din Auchinleck, care a semnat minuta unei ţinute a lojii din Edinburgh, pe 8 iunie 1600. Primul speculativ primit în Ordin pe pământ englez a fost tot un mason scoţian, Drept Onorabilul domn Robert Moray, iniţiat la data de 20 mai 1641 la Newcastle, de membrii aceleiaşi loji din Edinburgh aflaţi la Newcastle cu armata scoţiană. Conducătorii lor militari au acceptat ceremonia de iniţiere, considerând că s-a desfăşurat conform regulilor. Primul mason speculativ englez despre care există dovezi istorice a fost Elias Ashmole, în anul 1646, despre care vom vorbi mai târziu.

Termenii de Ucenic, Calfă şi Maestru Mason sunt scoţieni şi au fost folosiţi pentru prima dată în Masoneria engleză în anul 1723. În Scoţia erau utilizaţi cu mult timp înainte, apărând de altfel şi în Statutele Schaw, unde stă scris (am modernizat formularea):

> „Niciun maestru sau calfă nu poate fi primit sau admis fără a fi prezenţi şase maeştri şi doi ucenici, supraveghetorul lojii fiind unul dintre cei şase. Iar înainte de primire, i se testau îndemânarea şi priceperea."

În mod accidental, fragmentul ne arată că ucenicul era prezent la primirea maestrului, iar denumirile de maestru şi calfă sugerează aceeaşi situaţie în Ordin, adică masoni care şi-au făcut ucenicia şi au fost primiţi ca membri deplini ai Meşteşugului. Termenii englezi corespunzători sunt Maestru şi Companion.

Cuvântul „acceptat" este găsit în acea versiune a Vechilor Rânduieli cunoscută sub numele de Harleian MS,1942, de la British Museum,

---

[1] Breaslă de meşteşugari din secolul al XIV-lea, afiliată breslei croitorilor. A fost înfiinţată de meşterii care lucrau tunicile matlasate numite *gambesons,* care se purtau pe sub armurile metalice.

care datează de la începutul secolului al XVII-lea. Termenul apare în porțiunea denumită „New Articles“, articole care nu se mai găsesc în nici un alt document. Aici se vorbește despre admiterea în Masonerie și despre jurământul de păstrare a secretelor care trebuia depus de fiecare membru, jurământ care diferă de cele din alte manuscrise, fiind mult mai elaborat. Se mai vorbește și despre un certificat de admitere dat de lojă, fără de care nimeni nu putea fi primit în altă lojă.

În 1686, Asmole îi numește masoni acceptați pe noii primiți în Ordin. În lucrarea sa despre Frăție, Aubrey le spune *Free*, termen pe care îl modifică în *acceptați*. Cu siguranță până la acea vreme masonii din lojile speculative se autonumeau „acceptați“, cuvânt pe care îl foloseau în opoziție cu „operativi“, concluzia fiind că aceste noi articole erau făcute în mod special pentru masonii speculativi. Jurământul lui Randle Holme[1], pe care îl avem, scris după apariția lucrărilor menționate anterior, este totuși mai scurt decât cel din Harleian MS, ceea ce denotă că în acele vremuri nu exista o „uniformitate a ritualului“. Probabil că este corect să spunem că la un moment dat înainte de anul 1600, atunci când masonii acceptați s-au separat de cei operativi, au continuat să respecte cutuma de a citi Vechile Rânduieli, care, chiar dacă fuseseră întocmite ca documente ale masonilor operativi, în cele din urmă au intrat în proprietatea masonilor acceptați sau speculativi.

Referitor la ofițerii lojii, în vremurile de început nu găsim niciun fel de indiciu despre cei trei principali și trei secundari pe care îi avem noi, nici măcar despre Acoperitor. Aici pot să remarc că în timpurile medievale orice mason care ar fi îndrăznit să poarte o sabie ar fi intrat foarte repede în atenția justiției, iar una dintre primele reguli ale Ordinului le interzicea membrilor săi să vină înarmați la adunarea anuală.

În prezent, titlul de Maestru Mason este unul dintre grade, iar Maestrul Venerabil este în scaun, instalarea sa fiind de asemenea un

---

[1] Randle Holme (1627–1700), membru al unei familii de vază din Chester, a scris lucrarea *Academie of Armory*, în care se fac diverse mențiuni despre Francmasonerie. La începutul secolului al XVIII-lea în Chester erau trei loji masonice, mai multe decât în oricare alt oraș de provincie din Anglia.

grad. Dar în trecut, Maestrul lucrărilor era un simplu meşter ca toţi ceilalţi, iar câteodată în lojile engleze ofiţerul care conducea lucrările era numit Supraveghetor. Ofiţerii din vechile loji scoţiene erau Supraveghetorii şi Diaconii, Diaconul fiind un ofiţer şi în ghildele engleze. În Statutele Schaw se spune că Supraveghetorul, care era ales anual, conduce lucrările în fiecare lojă. Cu toate acestea, în anul 1599, la loja din Edinburgh, lucrările erau conduse de Diacon, iar Supraveghetorul era trezorierul.

În Cooke MS se vorbeşte despre „Supraveghetorul condus de Maestru“. Trebuie să menţionăm că în vremurile de început nu existau doi Supraveghetori. De fapt, o lojă avea ofiţerii care erau necesari, nu pentru a desfăşura un ritual, ci pentru a derula afacerile obişnuite ale unei bresle, printre ofiţeri numărându-se în mod necesar un staroste, ales periodic, şi un vistiernic sau trezorier. Existenţa unui ofiţer anume care să apere loja împotriva neiniţiaţilor sau a intruşilor nu este menţionată în mod expres în niciunul dintre vechile documente.

Chemarea masonilor de la odihnă la lucru, printr-o lovitură dată de Maestru în uşa lojii, este citat în 1355 ca fiind un vechi obicei al meşteşugului.

VII

MASONII OPERATIVI
(continuare)

Printre sursele de informare despre vremurile de început ale Frăției am menționat Statutele, dar în realitate ele nu ne ajută foarte mult. În trecut au fost greșit interpretate de scriitori masoni și nu numai, fiindu-le acordată o importanță pe care de fapt nu o au, decât poate pentru cercetători. Legătura noastră cu ele este doar ca meșteșugari, respectiv lucrători masoni și membri ai unei ghilde. Cele mai vechi sunt Reglementările Lucrătorilor, din anul 1349, și Statutele Lucrătorilor, din 1350, prin ele stabilindu-se valoarea maximă a salariilor pentru meșteșugarii de toate felurile, inclusiv pentru masoni. (O Reglementare este un Statut care nu a fost aprobat *de facto* de toate cele trei Stări[1].) Statutele, care sunt scrise în franceză, menționează un Maestru Mason al „pietrei libere“, care primea o plată mai mare decât un mason obișnuit.

Zece ani mai târziu, Statutele au fost modificate prin introducerea unor amenzi mai mari și includerea unor prevederi prin care se

[1] În Evul Mediu, societatea feudală era împărțită în ordine sau stări. Clerul forma prima stare, nobilimea, starea a doua, iar starea a treia cuprindea restul populației (burghezie, țărani și muncitori urbani). Regele nu făcea parte din nicio stare.

dizolvau toate alianțele și grupările de masoni și dulgheri, fiind anulate adunările, reglementările și jurămintele pe care și le făcuseră între ei. La prima vedere, aceste măsuri par a fi îndreptate împotriva obligațiilor și adunărilor Frăției noastre. Ele se accentuează mai mult atunci când ajungem, după alte câteva statute de același fel, la cele emise sub domnia lui Henric al VI-lea[1], care au fost foarte criticate de comentatori, începând cu dr. Plot.

În aceste statute se stipulează expres că prin adunările anuale ale masonilor se încalcă flagrant legea, astfel încât ele sunt interzise cu desăvârșire (am prescurtat textul original). Prevederea repetă și întărește legile anterioare asupra alianțelor, congregațiilor și adunărilor. Dar prin traducerea greșită din franceza normandă a Statutelor și introducerea cuvântului „adunări", care avea un înțeles pur tehnic pentru Frăție, a rezultat un text care pare făcut împotriva Masoneriei Operative, cu intenția de a o desființa, rezultatul fiind transformarea ei într-o societate secretă și speculativă.

Dr. Anderson reușește să deducă exact contrariul, deoarece afirmă că Henric al VI-lea a devenit mason și a susținut puternic Ordinul, actul emis de el devenind caduc. De asemenea, el sugerează că francmasonii nu aveau obligația să respecte Statutele Lucrătorilor.

Adevărul este că francmasonii erau vizați direct de aceste Statute, deoarece erau lucrători operativi, iar ceea ce se interzicea nu erau ținutele lojilor sau adunările anuale ale Ordinului unde se discutau aspecte ale artei construcțiilor, ci congregațiile conspirative, comparabile cu grevele și revoltele moderne, prin care se dorea forțarea mâinii autorităților sau maeștrilor.

Într-un capitol anterior am amintit de o pravilă emisă înainte de Henric al VI-lea, prin care li se impunea tuturor ghildelor, religioase sau de meșteșugari, să returneze proprietățile și hrisoavele lor de

[1] Henric al VI-lea (1421–1471), rege al Angliei în perioadele 1422–1461 (în timpul copilăriei sale, până în 1437 țara fiind condusă de regenți) și 1470–1471. Domnia sa a fost marcată de Războiul Celor Două Roze, dintre casele nobiliare Lancaster și York, și de episoadele sale de nebunie temporară. A făcut subiectul unei trilogii de Shakespeare.

recunoaştere sau de înfiinţare. În ceea ce-i priveşte pe lucrători şi meşteri, ultimul Statut care merită menţionat este cel emis sub domnia reginei Elisabeta I, în anul 1562, prin care s-au integrat toate legile privind lucrătorii, demn de remarcat fiind faptul că în document nu apare cuvântul „francmason". Nu este foarte uşor să explicăm acest lucru, decât dacă acceptăm ideea că termenul era perimat pentru a desemna un meşteşug. Greu de acceptat, deoarece în documentele din secolul următor cuvântul este folosit cu această semnificaţie nu numai de diverşi autori ci şi de Compania din Londra. Poate explicaţia este că termenul începuse să aibă şi o altă semnificaţie pe lângă cea pur operativă, din această cauză fiind omis intenţionat dintr-un Statut care reglementa doar chestiuni economice.

Situaţia Ordinului s-a modificat puternic în timpul domniilor dinaintea Reformei. Aici trebuie să ne referim la două acte izvorâte din această mare schimbare, respectiv dizolvarea abaţiilor şi a mănăstirilor în timpul domniei lui Henric al VIII-lea şi distrugerea în timpul lui Edward al VI-lea a ultimelor rămăşiţe ale grupărilor superstiţioase şi trecerea sub autoritatea regelui a tuturor fraternităţilor, frăţiilor şi ghildelor, cu excepţia celor de meşteşugari şi a Misterelor.

Prin această lege au fost desfiinţate toate breslele religioase şi sociale din regat, acelaşi lucru petrecându-se în toate ţările protestante. Dar în Anglia au avut de suferit şi ghildele de meşteşugari. Pe continent, banii breslelor religioase erau direcţionaţi cu scrupulozitate către întreţinerea şcolilor, a azilurilor pentru săraci şi alte asemenea fapte caritabile. Henric al VIII-lea şi apropiaţii săi au preferat să păstreze pentru ei averea breslelor din Anglia, iar prin statutul emis de Edward al VI-lea toate proprietăţile ghildelor de meşteşugari au fost confiscate pentru vistieria personală a regelui, sub pretextul că ar fi făcut plăţi anuale în scopuri superstiţioase. Totuşi, Companiile din Londra şi-au redobândit proprietăţile plătind suma de 18 700 de lire. Dar practica jecmănirii ghildelor a continuat, iar slăbirea acestora şi schimbările petrecute în economie au dus la inevitabila lor prăbuşire. Burghezii s-au înălţat fără a face parte din bresle, iar noile centre industriale ca Birmingham și Manchester au crescut departe de burgurile vechi și de restricțiile lor feudale. Ghildele au murit și nimic nu a mai rămas din ele, cu excepția a *Livery Companies*, din Londra.

Într-un capitol anterior am vorbit despre primele menționări ale breslelor orășenești de zidari din Anglia. Exact ce legături aveau ele cu constructorii de catedrale nu știm, nici dacă francmasonii și-au format loji independente la fiecare catedrală sau dacă acceptau vreun fel de subordonare către Compania Londoneză. Lojile sunt asociate cu înălțarea de edificii, dar nu în asociere cu breslele din așezări, despre care de fapt știm foarte puțin. Meredith scrie în a sa *Istorie economică a Angliei*:

> „Este clar că Frăția pietrarilor (cărămida începând să fie folosită mult mai târziu) trebuie să fi fost printre primele meserii specializate, fiind aproape de neconceput că ar fi rămas dezorganizată. Probabil că din cauza caracterului itinerant al meșteșugului lor, masonii nu par să fi ocupat niciodată un loc important în viața unui burg medieval."

Există indicii care arată în mod clar că masonii erau o componentă relativ neimportantă a comunității din vremurile de început. De exemplu, la Norwich, acest oraș al bisericilor, se pare că masonii nu aveau o breaslă a lor în 1375, fiind atașați la breasla dulgherilor. În piesele care se jucau la Exeter masonii apăreau împreună cu aurarii, iar în York erau împreună cu pălărierii. În 1604, la Oxford o corporație a emis un hrisov de recunoaștere care îi include pe francmasoni, dulgheri, tâmplari și țiglari. Există un hrisov din 1586 din Durham și un altul din 1671 emis la Gateshead, care includ o varietate de meșteșuguri, dar în ultimul document francmasonii sunt puși la loc de cinste. Aceasta s-ar putea datora lui Robert Throllop, un membru al Frăției menționat în manuscris, care se pare că era un cetățean de vază al orașului, fiind și arhitect.

Blazonul (vezi ilustrația) care a fost dat Companiei în 1472 este prezentat ca fiind acordat „întregii ghilde și frății" a masonilor. Însemnele de pe blazon sunt reproduse pe piatra de mormânt a unui mason din Londra în 1594, iar despre o altă folosire a lor în același scop s-a scris la Yorkshire în 1689. Dar deja la această dată știm că francmasonii din Londra formaseră o Societate Venerabilă separată, cu toate că păstraseră blazonul, așa cum făcuse și Compania care a renunțat la termenul „francmason" în 1655.

Acordarea blazonului „întregii ghilde" a fost aparent interpretată ca o îndatorire pentru Companiile din alte orașe, precum Edinburgh, de a-l adopta și de a-l folosi. Pe alocuri s-au făcut mici modificări, cum ar fi tonul culorilor, fără îndoială pentru a face o distincție față de Compania din Londra. La blazonul original tresa este zimțată, respectiv are margini dantelate, dar de-a lungul timpului s-a introdus marginea dreaptă, forma adoptată de Companie și de francmasoni. La început, blazonul nu avea suporți. În 1688, Randle Holme spune că s-au adăugat doi stâlpi corintieni, dar de fapt au fost puse două coloane oarecare deasupra cărora erau așezate globuri. Acest lucru poate avea cu greu o semnificație pentru ritualul nostru, din cauză că atunci când Marea Lojă a Angliei a adoptat blazonul în 1717, a introdus doi castori ca suporți. La unificarea din 1813, vechiul blazon al Companiei a fost combinat cu cel de Atholl al Marii Loji a Scoției, formând actuala noastră emblemă, iar suporții blazonului scoțian au fost adoptați. Este posibil ca propunerea lui Randle Holme să fi fost influențată de bine cunoscuta monedă spaniolă de opt reali[1], care era folosită ca model pentru ornamentele din acele timpuri.

Înscrisurile noastre nu aruncă nicio lumină asupra locului unde s-a derulat procesul de desprindere dintre Ordin și Companie, dacă s-a întâmplat la Londra sau în provincie. Constatăm că în 1620 o lojă a Masonilor Acceptați funcționa la Londra sub auspiciile Companiei, iar șapte persoane care erau deja libere de Compania Londoneză, trei din

---

[1] Moneda de opt reali, sau dolarul spaniol din argint, a fost introdusă din 1497 în Imperiul Spaniol. Avea pe una dintre fețe (avers sau revers, în funcție de ediție) două coloane care inițial susțineau un planiglob încoronat, înlocuit ulterior cu stema Spaniei. Folosită internațional, a stat ca model pentru dolarul american și a circulat în SUA până în 1857.

ele fiind de la Livery, au devenit masoni sau, potrivit denumirii folosite, Masoni Acceptaţi, în schimbul achitării unei taxe speciale. Aşa cum am văzut, în anul 1655 Compania a renunţat la titulatura de franc-mason, iar cu siguranţă în 1686 cele două organizaţii erau total separate. Mai mult decât atât, după această dată Compania a început să decadă. La început nimeni care nu era membru al Companiei nu putea să lucreze în Londra. Dar reconstruirea atât de necesară oraşului după Marele Foc[1] a fost fatală monopolurilor, privilegiile Companiei au fost desfiinţate, iar lucrătorii care nu aparţineau acesteia au fost aduşi să reconstruiască oraşul şi Catedrala St Paul.

În ceea ce priveşte ruptura generală dintre masonii operativi şi cei speculativi, trebuie să ţinem cont şi de uriaşul efect pe care Reforma l-a avut asupra noastră. Deja am vorbit despre mănăstiri şi ghilde, dar să nu uităm că prin desfiinţarea mănăstirilor Frăţia noastră şi-a pierdut cel mai bun angajator. Chiar înainte de aceasta, putem să ne imaginăm că, odată cu dezvoltarea ştiinţei construcţiilor, cei mai buni meşteri s-au separat, mai mult sau mai puţin intenţionat, de restul lucrătorilor, păstrând însă aparenţa şi ritualurile unei ghilde de meşteşugari. Într-adevăr, dacă nu ar fi făcut aşa, nu ar fi putut supravieţui Statutelor impuse de Edward al VI-lea. Vechiul titlu acordat unui lucrător iscusit a devenit treptat o denumire folosită pentru Masonii Speculativi, ei fiind cei care continuau să preţuiască Vechile Rânduieli, documente care pentru Masonii Operativi nu mai aveau nicio valoare practică.

După Reformă, inevitabil masoneria operativă s-a stins, iar secretele operative, cele care nu aveau legătură cu geometria pură, fără îndoială că au fost pierdute. În schimb, Masonii Speculativi au persistat în a menţine vechile ceremonii, adăugând poate nişte elemente de moralitate elementară, câteva simboluri noi şi ceva din straniile cunoştinţe şi tradiţii atât de abundente în Europa secolului al XVII-lea. În orice caz, ştim că lojile speculative au supravieţuit, în baza spuselor doctorului

[1] Marele Incendiu din anul 1666 care a mistuit Londra timp de patru zile, distrugând 13 200 de case şi 87 de biserici, inclusiv Catedrala St Paul.

Plot care afirma în 1686 că ele erau răspândite pe tot cuprinsul Angliei. Numai că lipsa dovezilor clare ne obligă să spunem că ceea ce avem aici sunt doar presupuneri, dar din pricina puținelor izvoare istorice disponibile, putem afirma că aceste presupuneri sunt rezonabile.

Singura trăsătură a Masoneriei medievale pe care trebuie să o mai abordăm este Adunarea, asupra căreia documentele noastre cele mai vechi insistă foarte mult. Cu toate acestea, nu avem nicio sursă referitoare la o adunare anume, cu excepția unei relatări în trei versiuni, potrivit căreia o adunare s-ar fi ținut la Windsor atunci când Edwin a devenit mason. Se adaugă și povestirea, întâlnită în majoritatea manuscriselor vechi, despre o adunare care a avut loc la York, atunci când s-au promulgat primele Rânduieli ale Frăției. În *Poemul Regius* se spune că Athelstan, după ce a găsit multe neajunsuri în activitatea Frăției, i-a convocat pe toți masonii pentru discuții, invitându-i și pe lorzi, duci, conți, baroni și mulți alții, precum și pe burghezii de vază din „acel oraș", cu toții convenind asupra articolelor și punctelor din respectivele Rânduieli. De asemenea, ei au dispus ca o adunare a „oamenilor din Frăție" să se țină în fiecare an, într-un loc convenabil pentru toți, iar înalții nobili, considerați potriviți pentru această sarcină, trebuiau să îndrepte ceea ce era greșit în rânduielile breslei. Cu ocazia acestor adunări masonii trebuiau să jure că vor respecta rânduielile date de Athelstan și trebuiau să le solicite viitorilor monarhi să le reînnoiască.

Al doilea articol spune că fiecare Maestru trebuie să participe la adunarea generală, cu condiția să fi fost informat despre ea în timp util, și să nu vină doar dacă este bolnav sau are oricare altă scuză acceptabilă. Punctele includ o prevedere potrivit căreia un mason care îl defăimează pe altul trebuie adus în fața adunării. Înalții lorzi, șeriful și primarul prezenți la adunare aveau obligația de a susține hotărârile luate, indiferent cine le-ar fi încălcat, iar dacă vinovatul nu se supunea trebuia aruncat în temniță. La al 15-lea punct se spune că aceste dispoziții și articole au fost aprobate de înalții lorzi și seniori, și de masoni, iar dacă cineva care a jurat să le respecte va fi demascat în cadrul adunării că le-a încălcat și nu vrea să se îndrepte, atunci nu trebuie să mai lucreze, iar dacă nu o face, șeriful îl va întemnița atât timp cât va decide regele, iar averea îi va fi confiscată.

În Cooke MS se spune că „fiul regelui“ a poruncit ca masonii să se adune oricând credeau că este nevoie, pentru a se sfătui asupra muncii lor, articolele și punctele fiindu-le date de el, fără a se afirma că aceasta s-a făcut cu ocazia unei adunări. În continuare se spune că Athelstan, cu acordul celor mai importanți nobili ai regiunii și din cauza marilor defecte pe care le avea Ordinul, le-a dat masonilor niște Rânduieli. Regele a poruncit ca Frăția să se adune ori de câte ori el sau înalții nobili considerau că este necesar, Maeștrii Masoni și calfele având cu toții obligația să participe. Cu această ocazie, urma să li se verifice iscusința în meșteșug, dar și cunoașterea Rânduielilor.

Prevederea prin care Maestrul trebuia să vină la adunare, putând să lipsească doar dacă era bolnav, este stipulată în articole. Șeriful sau primarul trebuia să fie chemat doar dacă era nevoie să-l ajute pe Maestru împotriva unor rebeli și pentru a aplica legile ținutului. Prima lucrare făcută la adunare era primirea unor noi membri care încă nu depuseseră jurământul, în manuscris fiind trecute primele paragrafe ale acestuia. Apoi, adunarea trebuia să ancheteze toate încălcările aduse articolelor, precum și problemele de disciplină, vinovații care nu acceptau să se îndrepte fiind excluși din Ordin fără a avea dreptul să mai practice meșteșugul. Dacă nu se supuneau, șeriful putea să îi aresteze și să le confiște averea.

În versiunile ulterioare ale Vechilor Rânduieli se spune că adunarea poruncită de Edwin a avut loc la York, după cum am mai spus, iar expresia „acel oraș“ din *Poemul Regius* pare a arăta că în manuscrisul după care a fost compilat Cooke MS era menționat unul dintre orașele lui Athelstan. Despre povestea potrivit căreia Athelstan le-a dăruit clericilor din York o danie sau o cartă, nu chiar niște Rânduieli, am vorbit deja. Oricum ar fi, ne-am putea aștepta ca orașul lui Athelstan să fi fost Winchester sau un alt oraș din Midland, mai degrabă decât York. Obligația tuturor Maeștrilor și Calfelor de a veni la adunare, dacă aceasta se ţinea până la o anumită distanţă de locul unde se aflau, apare în toate Rânduielile speciale date masonilor.

Adunarea era o cutumă saxonă, iar fiecare burg, ţinut şi comitat organiza propriile sale adunări, cea la care venea întregul popor fiind Marele Sfat. În aşezarea sau ţinutul său de baştină fiecare *Freeman* avea dreptul să vorbească la adunare, dar în mod natural dreptul personal a făcut loc unui sistem de reprezentare. Sfatul comitatului se ţinea de două ori pe an, iar cel al ţinutului în fiecare lună, dar prima menţiune clară despre o adunare a unui ţinut nu apare mai devreme de timpurile lui Edgar[1], iar în ţinuturile stăpânite de vikingi, de exemplu, York, Lincoln, Notts etc., a fost înlocuită cu Wapentake, echivalentul viking al acesteia. În concluzie, se pare că Rânduielile lui Athelstan au fost promulgate la un Mare Sfat, iar celelalte adunări la care s-au adoptat diverse versiuni ale Vechilor Rânduieli se pare că au fost congregaţii ale Frăţiei, organizate în mod convenabil în oraşele unde judecătorii ţinutului îşi aveau curtea şi unde se afla şi şeriful, care putea veni imediat dacă era nevoie de el. Una dintre îndatoririle acestui demnitar era să verifice dacă toţi meşterii zidari au lucrat bine, iar pentru ducerea la bun sfârşit a unei astfel de sarcini fără îndoială că îi convoca şi îi chestiona pe Maeştri. În acest fel, adunarea despre care se spune în Cooke MS că s-ar fi întrunit nu la chemarea Frăţiei, ci a demnitarilor regelui, şi unde Maeştrii erau verificaţi, se întrunea la chemarea şi sub jurisdicţia şerifului. Cu toate acestea, adunările unde se depuneau jurăminte de admitere în ordin şi se dezbăteau chestiuni care priveau meşteşugul erau cu siguranţă organizate de Frăţie.

Puterea şerifului de a-i întemniţa pe cei vinovaţi şi de a le confisca avutul se întemeia cu siguranţă pe prerogativele funcţiei sale, nu pe simple reguli şi dispoziţii ale masonilor. În *Poemul Regius* se spune că masonul care a fost îndepărtat din Frăţie trebuie să fie pedepsit conform legilor din vechime. De fapt, se pare că nu ar fi existat o lege specială

[1] Edgar Cel Paşnic (943–975), rege al Angliei, fiul lui Edwin I şi nepot al regelui Athelstan.

pentru asemenea cazuri. Dar Athelstan ar fi putut să-i împuternicească pe ofițerii săi să sprijine autoritatea adunării masonilor, printr-un act care nu s-a păstrat. Ne-am aștepta ca primarul burgului să fie prezent la o adunare importantă a unei ghilde de meșteșugari, iar „înalții lorzi" erau probabil seniorii locali pentru care masonii lucrau. Un fapt care a fost considerat o dovadă că adunările erau ținute doar de masoni a fost acela că ucenicii nu erau chemați să participe. În schimb, la cele convocate de șerif, fiecare *Freeman* în vârstă de peste 12 ani trebuia să fie prezent, iar ucenicii se încadrau în această categorie, în sensul că nu erau supuși feudali sau legați de pământ. De fapt, aflăm că în vremea lui Henric al III-lea prezența tuturor lucrătorilor nu era obligatorie la adunările convocate de șerifi sau de magistrați, cu excepția cazurilor de investigare a unor crime, iar decăderea adunărilor, ca și instituții la nivel național, deja se produsese. Oricum, același rege i-a scutit pe toți nobilii și clericii să mai participe la respectivele congregații.

Nu putem spune cu certitudine când anume adunările au încetat a mai fi organizate de Frăție. Întâlnirile anuale, sau mai frecvente, erau o trăsătură caracteristică a ghildelor, dar adunările noastre se pare că erau convocate pentru meșterii dintr-un comitat sau un ținut. Distanța la care trebuia să se afle un mason față de locul unde se ținea adunarea, pentru a fi obligat să participe, variază atât de mult de la o versiune la alta a Vechilor Rânduieli, încât nu se poate face o comparație cu niciuna dintre reglementările din prezent. În orice caz, atunci când ne vom întâlni pentru prima dată cu lojile speculative din secolul al XVII-lea, vom vedea că nu exista nicio coordonare între ele.

VIII

ASOCIAŢIILE UNITE ALE MEŞTEŞUGARILOR

„Natura umană“, spune L.O. Pike, „în regiunile civilizate sau barbare, la romani, greci sau germanici, are pretutindeni un sâmbure de instinct social.“ Observăm că la diverse civilizaţii, în perioade diferite au apărut instituţii asemănătoare. Acest fenomen ne atrage puternic spre enunţarea unor teorii ale filiaţiei, încercând să adunăm într-un tot ceea ce de fapt sunt evoluţii locale independente. În acest sens, avem Colegiile Romane, breslele engleze, franceze şi germane, avem o organizaţie specială, dar mai târzie, a constructorilor germani numită Steinmetzen, precum şi o remarcabilă asociaţie de meşteşugari itineranţi aparţinând aproape tuturor meseriilor practicate în Franţa, respectiv Compagnonage-ul. Toate aceste instituţii au asemănări cu a noastră, iar Colegiile şi Steinmetzen au fost considerate precursorii noştri. Deja am discutat despre ele şi am arătat că suntem o ghildă engleză de meşteşugari, care are o formă proprie şi trăsături distinctive care o diferenţiază de restul. Mai rămâne acum să vorbim despre celelalte asociaţii pe care breasla noastră, şi altele, le-au format în ţările germanice în Evul Mediu.

Se pare că Scoţia nu a adoptat niciodată în întregime sistemul ghildelor, singura analogie pe care o putem găsi acolo fiind Incorporations of Wrights[1] and Masons. Cea din Edinburgh a fost constituită în 1475, ulterior primind în sânul ei și alte meserii. Se întâlneau la Mary's Chapel lângă Podul de Miazăzi, iar loja masonilor se întrunea tot acolo, denumirea primită ulterior (United Incorporation of Mary's Chapel), fiind încă păstrată în Masoneria scoțiană. Meșteșugarii aparțineau ambelor meserii, dar Corporația era independentă de loja masonică, câteodată chiar în contradicție cu ea. Corporația din Aberdeen a primit hrisovul de recunoaștere în 1451, iar la Glasgow masonii și reparatorii (*wrights*) s-au separat în anul 1600. Loja din Aberdeen se autodatează ca fiind înființată din momentul obținerii hrisovului, de fapt toate lojile scoțiene fiind loji ale burgurilor, sau așezate, indiferent dacă au fost înființate sau nu odată cu ridicarea unei catedrale.

Însuși faptul că nu avem nicio dovadă concretă a existenței niciuneia dintre lojile operative engleze nu ne lasă decât să presupunem că ele călătoreau din loc în loc și nu aveau o așezare permanentă. Din contră, lojile scoțiene se asemănau mult mai mult cu lojile de zidari din burguri decât cele engleze, și nu aveau nicio trăsătură speculativă. Relațiile lor cu Corporațiile și diferendele privind calfele și primirea de ucenici, de exemplu, erau chestiuni izvorâte strict din interese operative.

Gruparea Steinmetzen din Germania este ilustrarea unei ghilde de meșteșugari care are multe asemănări cu noi, deoarece este o ghildă și are anumite practici similare cu secretele noastre. Totuși, ei au avut o origine și o existență independente, iar legendele lor sunt total diferite de ale noastre. Atunci când Francmasoneria modernă a fost introdusă în Germania în secolul al XVIII-lea, într-o perioadă în care Steinmetzen încă mai exista, nimeni nu a sesizat vreo legătură între cele două societăți. Câțiva scriitori germani din secolul trecut au susținut că Francmasoneria noastră este derivată din Steinmetzen, dar s-a demonstrat în mod categoric că această teorie este eronată și nu este nevoie să o mai luăm în considerare.

---

[1] Lucrători în construcții, care, pe lângă ridicarea de clădiri noi, făceau și reparații la cele existente.

Adevărata origine a breslei Steinmetzen a fost foarte dezbătută și se află în afara scopului prezentei lucrări. Germania a fost creștinată din Britannia, într-o vreme în care puține, poate chiar niciunele, vestigii ale ocupației romane mai rămăseseră prin pădurile ei. Ghildele de constructori au apărut în Germania în umbra breselelor orășenești, la fel cum s-a întâmplat și în Anglia. Nefiind primiți în breslele orășenești, lucrătorii s-au organizat între ei de timpuriu, iar în secolul al XIII-lea găsim o Fraternitate a Zidarilor cu caracter permanent, care avea hrisov de înființare. În general, aceste ghilde de meșteșugari includeau mai mult decât o meserie, dar masonii și-au făcut propria lor organizație, care, grație unei bune coordonări, funcționa ca o singură societate în întreaga Germanie. Nu găsim un asemenea sistem la ghildele din Anglia, unde o organizare la nivelul întregii Frății este prezentată la modul general prin Vechile Rânduieli și numeroasele lor versiuni, dar în afară de ele nu avem alte indicii. Aflăm că în Germania sistemul Steinmetzen a apărut în 1459, cu mult mai târziu decât momentul când ar fi posibil ca un fapt asemănător să se fi întâmplat în Masoneria engleză. Dar nu era singura meserie care făcea acest lucru, o serie de alte bresle germane având o ghildă centrală care le coordona. Dar există un aspect unde Steinmetzen diferă în mod esențial de noi. Superiorii lor nu erau aleși de membrii ghildei, ci erau numiți de angajatorii lor.

În toate țările de limbă germană, meșteșugul era împărțit în patru regiuni distincte conduse de „Loji Superioare", la Strasbourg, Köln, Viena și Berna.

Legile masonilor germani erau asemănătoare cu Rânduielile meșteșugului nostru. Este adevărat că sunt mult mai elaborate, prevăd plata pentru perioadele de boală și au un sistem total necunoscut în Anglia, cel al Companionilor Itineranți. Această categorie de meșteri trebuia să-și plătească toate dările înainte de a părăsi loja-mamă, după care călătoreau de la o lojă la alta, Maestrul fiecărei loji unde ajungeau având obligația să le găsească de lucru. Copii sau adaptări ale acestor legi, pentru uzul Lojilor, au ajuns în cele din urmă și la noi, iar una dintre ele face aluzie la legendă atunci când spune:

„Toate aceste articole au fost scrise după pisania străvechilor drepturi ale Lojii și au fost întemeiate de slăviții sfinți martiri încoronați.“ (aluzie la Quatuor Coronati)

Steinmetzen aveau aceeași ierarhie pe care noi o avem în comun cu oricare alt meșteșug: ucenic, calfă și maestru. La terminarea perioadei, ucenicul era declarat *Freeman* al ghildei, iar intrarea lui în fraternitate se făcea printr-o ceremonie simplă. Depunea un jurământ prin care se obliga să-și păstreze marca (*Mason's Mark*), să nu dezvăluie semnele de recunoaștere sau salutul și să nu le scrie parțial ori în întregime. Ceremonia se încheia cu o agapă. Se pare că aceste reguli li se citeau ucenicilor în felul în care noi citim Vechile Rânduieli.

Nu cunoaștem amănunte despre cum se făcea strângerea de mână și nici nu există vreun indiciu în acest sens. Salutul este descris în întregime în decretele ghildelor, acestea fiind ținute cu strictețe în secret. Noul membru al Steinmetzen începea după aceea călătoriile sale în calitate de meșteșugar, iar la lojile unde ajungea să lucreze era tratat conform Rânduielilor atent făcute de ghildă. Dincolo de ceea ce am spus, nu avem cunoștință despre nici o altă ceremonie de inițiere. În același timp, știm ceva despre ceremoniile care se organizau la alte ghilde în ocazii asemănătoare, cum ar fi lăcătușii, dulgherii și alții. Se pare că toate urmau același model. Se începea cu jurământul formal, transmiterea salutului și strângerea de mână, dacă aveau așa ceva. Asta era partea mai serioasă a ceremoniei. După aceea se făcea „mânuirea“ simbolică a ucenicului: la dulgheri el era transformat din buștean în grindă, iar la breasla lăcătușilor gura i se deschidea cu o cheie. Apoi, ucenicul trebuia să asculte o prelegere pe jumătate comică, ce conținea reguli de comportament și lecții de morală, dar se pare că aceste prelegeri nu includeau în niciun caz părți din istoria legendară.

Probabil că ceva asemănător se petrecea și la Steinmetzen, dar nu există nicio dovadă istorică în acest sens. Este posibil ca ritualul nostru de astăzi să păstreze unele urme ale unor ceremonii asemănătoare din vremurile operative.

În ceea ce privește secretele lor operative, Steinmetzen erau specialiști în sculptarea în detaliu a pietrei. Fergusson[1] spune că felul în care aceștia ciopleau piatra era miraculos. Arta lor consta în pregătirea atentă a proiectelor și planșelor pentru lucrarea ce urma să fie înălțată, fiind de fapt vorba despre desen geometric și arhitectural. Era interzis ca aceste cunoștințe să fie dezvăluite altora, cu excepția ucenicilor, cărora nu li se cereau bani pentru a învăța meșteșugul.

În Steinmetzen nu existau membri speculativi, nefiind găsită la ei nicio urmă de învățături speculative. În ceea ce privește legendele, ei nu au nimic ce poate fi comparat cu istoria noastră atât de elaborată. Ei spun că decretele lor de înființare datează din vremea celor patru Quatuor Coronati, având în același timp și o tradiție scrisă prin care se spune că ghilda masonilor a fost înființată în Germania la catedrala din Magdeburg în anul 876, ceea ce este fără îndoială un anacronism. Se mai spune și că au obținut de la suveranul pontif privilegii speciale, dar nu există dovezi în acest sens. Quatuor Coronati, despre care am vorbit deja, au fost adoptați ca sfinți patroni ai Masoneriei în Italia, la fel ca și în Germania și Anglia, având în secolul al VII-lea o biserică închinată lor în Canterbury. Vechimea Masoneriei nu are nicio legătură cu vechimea legendei despre Quatuor Coronati, iar posesia în comun a acestei legende nu este o dovadă pentru o origine comună, cu atât mai puțin pentru o derivare a Masoneriei engleze din Steinmetzenul german.

Începând din secolul al XVII-lea și în următoarele, Steinmetzen au dispărut treptat. Orașul Strasbourg a devenit francez în 1681, iar fraternitățile au fost interzise prin lege în 1731. Cu toate acestea, fără îndoială că ele au supraviețuit într-o formă clandestină ca loji separate, fiind posibil ca ele să existe și în prezent. Cu toate acestea, istoria lor în vremurile moderne nu prezintă interes pentru noi, cu excepția faptului pe care l-am prezentat deja, anume că ei nu au fost identificați ca francmasoni atunci când Masoneria a fost înființată în Germania în anul 1733.

[1] James Fergusson (1808 –1886), istoric scoțian, autor al mai multor lucrări despre arhitectură.

În Franța găsim două instituții distincte a căror asemănare cu Ordinul nostru necesită o analiză atentă.

Franța nu a fost niciodată cu adevărat omogenă, sudul provensal fiind grecesc și fenician în tradiții și etnologie, în timp ce nordul este gotic în partea de est și celt în cea de vest. Civilizația din sud a fost grecească înainte de a deveni romană și a fost foarte puțin afectată de incursiunile francilor. Chiar și în nord, barbarii nu au fost capabili să distrugă limba de origine latină care se vorbea în acele regiuni, limbă care a devenit franceza din ziua de azi.

Se pare că invadatorii barbari nu s-au atins prea mult de orașe, lăsându-le în pace astfel încât burgurile și-au înființat constituții municipale independente, după model roman. De fapt, dacă există ceva urme de instituții romane în nord-vestul Europei în vremurile medievale, acestea se pot găsi nu în Anglia sau Germania, ci în burgurile franceze. În aceste orașe, în special în cele din sud, împărțirea meșteșugarilor în bresle s-a produs de timpuriu. Fenomenul ia sfârșit în secolul al XIV-lea, atunci când găsim peste tot orașe care aveau privilegiul autoguvernării și autofiscalității, evident sub autoritatea regală, suveranul acordând hrisoave de recunoaștere ghildelor de meșteșugari în schimbul unor sume de bani.

Detaliile diferă de la o așezare la alta, gradul de dezvoltare fiind diferit, dar în cele din urmă ghildele s-au omogenizat pe tot cuprinsul țării, fiind totuși diferite în anumite aspecte față de cele din Germania. Aveau însă același sistem de grade, ucenic, calfă și maestru, reguli privind primirea ucenicilor și reguli prin care maeștrii și rudele lor erau favorizați. Existau o mulțime de piedici puse în calea calfelor care doreau să devină meșteri. Pe noi ne interesează faptul că ascenderea la poziția de maestru era însoțită de un ceremonial curios, diferit la fiecare breaslă în funcție de meșteșug, la toate fiind însă în general simplu și oarecum caraghios.

Particularitatea ciudată a tuturor acestor ghilde constă în confreriile lor. Acestea erau o paralelă apropiată a breslelor noastre religioase, care au fost descrise într-un capitol anterior, amintindu-ne deopotrivă şi de instituţiile romane. Ghildele aparţineau ca grup unei fraternităţi religioase, având şi un altar în unele biserici. Se întâlneau periodic pentru rugăciune, ca şi pentru banchete. Ajutau săracii, bolnavii şi bătrânii din breaslă. Doar maeştrii puteau fi membri ai confreriei. În orice caz, nu găsim niciuna care să poată fi comparată cu o lojă masonică. Există o singură legătură cu legendele noastre, aceea că în secolul al XIII-lea la Paris masonii erau scutiţi de serviciul de strajă, ei susţinând că acest privilegiu le-a fost acordat de Carol Martel. În acest fel, încă de demult se menţionează o legătură între Ordin şi acest rege, în Franţa, dar şi în Anglia, referirea la el din Cooke MS (sub numele de Carol al II-lea) fiind deja amintită. Dar în afară de acest aspect, nici o altă breaslă franceză nu are o istorie legendară, precum cele din Anglia, cu excepţia Ordinului nostru. Nu este greu să explicăm acest lucru. Legăturile dintre Anglia şi Franţa în epoca normandă, dar şi ulterior, erau strânse şi permanente, aşa că putem să presupunem că masonii din ambele ţări cunoşteau tradiţia potrivit căreia Carol Martel ar fi fost un protector al Ordinului. La Paris, unde legea dată de el era încă în vigoare, masonii erau scutiţi de corvoada strajei. În Anglia, respectiva tradiţie a fost inclusă în istoria legendară a Meşteşugului.

Nu putem spune dacă cele două relatări, istoria legendară şi povestea acordării de privilegii, sunt fundamentate pe ceva concret.

Multe hotărâri legislative au fost publicate, respectiv cele prin care se interziceau şi se desfiinţau fraternităţile şi ghildele. În anul 1539, Francisc I a intenţionat să desfiinţeze fraternităţile şi să reglementeze ghildele. Dar acest lucru nu s-a întâmplat până la Revoluţia Franceză, atunci când au dispărut cu desăvârşire. Interesul nostru faţă de ele, în afară de referirile la Carol Martel, este legat de faptul că oferă o imagine a unei organizaţii independente, foarte asemănătoare cu a noastră, formată la o civilizaţie vecină, argumentând astfel afirmaţiile din deschiderea paragrafului.

A doua formă de asociere meşteşugărească din Franţa, numită Compagnonage, este mult mai apropiată de noi, având şi o legendă a lui Hiram. Însă, în acest capitol voi descrie doar caracteristicile sale principale, urmând să o analizăm în detaliu un pic mai târziu.

Compagnonage-ul include asociațiile calfelor din Franța, aparținând practic tuturor meseriilor. În esență, este o organizație a meșteșugarilor. Principalele sale preocupări sunt legate de companionii itineranți. Inițierea se făcea într-o manieră serioasă, nu în stil burlesc după moda germană, iar legendele și semnele erau secrete, cu toate că existența organizației era bine cunoscută. De fapt, existența ei era demonstrată și de luptele frecvente, uneori soldate cu pierderi de vieți omenești, dintre diferitele facțiuni care își disputau importanța istoriei legendare a fiecăreia dintre ele. În prezent, aceste certuri au dispărut, iar calea ferată a contribuit mult la schimbarea situației meșteșugarilor itineranți, dar instituția încă mai există, chiar dacă nu este înfloritoare.

Cea mai timpurie existență ca ghildă este atribuită masonilor lucrători în piatră, ei numindu-se Fiii lui Solomon, la care s-au adăugat dulgherii și fierarii. Alți masoni care lucrau în piatră și-au spus Fiii Meșterului Jacques, ei având de asemenea dulgheri și lăcătuși, precum și reprezentanți ai majorității celorlalte meserii, fiind astfel cea mai puternică dintre cele trei. A treia secțiune sunt Fiii Meșterului Soubise, alcătuită din tâmplari, modelatori și țiglari, doar câteva meserii nefăcând parte din Compagnonage. Printre acestea se numără zidarii, ca meserie distinctă față de cea a masonilor lucrători în piatră. Fiecare meserie care aparține Compagnonage-ului are rânduielile sale străvechi, despre care legendele spun că au fost făcute de întemeietorii săi.

Tradiția orală povestește că douăzeci de burguri franceze, aproape toate situate în sud, percepeau plata unei sume de bani, meșteșugarii având niște rânduieli făcute anume pentru ei, precum și un loc de adunare. Se mai spune și că în unele dintre orașele respective meșteșugarul avea anumite drepturi asupra celorlalți membri ai ghildei. În baza acestor descrieri putem foarte bine să presupunem că acolo au existat niște documente similare Vechilor noastre Rânduieli. Legenda nu este cunoscută în totalitate, dar ceea ce se știe din ea poate fi sintetizat astfel.

Maître Jacques a fost unul dintre maeştrii care lucrau pentru regele Solomon şi coleg cu Hiram. El călătorise mult şi învăţase sculptura şi arhitectura. El însuşi era un cioplitor în piatră, iar numele tatălui său era Jacquin. A lucrat la Templul lui Solomon, după care s-a întors în Galia împreună cu Maître Soubise. Însă ei s-au certat, iar în final Maître Jacques a fost ucis de cinci dintre oamenii lui Maître Soubise. Discipolii lui au ascultat ultimele sale cuvinte, după care a fost înmormântat cu o ceremonie specială, iar veşmintele sale au fost împărţite între meşteşugari. Din acest punct de vedere, diferenţa dintre Masonerie şi Compagnonage este aceea că la ei legenda stă la baza ritualului, în timp ce la noi ritualul şi legenda nu sunt armonizate.

Fiii lui Jacques şi ai lui Soubise se aflau în dispută, dar ambele tabere îi urau pe Fiii lui Solomon, membrii celor trei grupări încăierându-se atunci când se întâlneau. Ceremonia de iniţiere era de fapt ilustrarea morţii unuia dintre întemeietorii tradiţionali ai breslei. Într-una dintre ramuri găsim trei grade de compagnoni, celelalte două având un singur grad. În fiecare dintre ele, în plus faţă de aceste ceremonii, avem relatări despre gesturi simbolice care se făceau la iniţierea unui nou membru, copiind îndeaproape unele ritualuri religioase, adăugând însă câteodată şi elemente burleşti. Fiecare compagnon, după iniţiere, îşi alegea o poreclă, alta de la o ramură la alta, porecla devenind parte a numelui său. Între ramuri erau multe diferite detalii în ceea ce priveşte vestimentaţia, rânduielile, poreclele şi gradele.

Membrii organizaţiei nu se apelau între ei prin cuvântul „Frate“, ci prin „Coterie“ sau „Pays“, adică „gaşcă“ sau „ţară“. Aveau ceremonii specifice, în special o formă de îmbrăţişare însoţită de şoptirea unui cuvânt, cunoscută sub numele de Guilbrette.

Istoria Compagnonage-ului nu a fost elucidată, astfel încât până când acest lucru nu se va întâmpla, este inutil într-un fel să facem speculaţii asupra originii legendei lor. Trebuie să las pentru un capitol următor examinarea detaliată a legendei şi a impactului ei asupra propriului nostru ritual, dar cred că şi în eventualitatea în care am descoperi că în Compagnonage legenda există încă de la început, acest lucru nu va afecta stabilirea vechimii Ordinului nostru, până când nu vom şti exact când anume a fost preluată de Masonerie. Că acest lucru s-a întâmplat înainte de 1717 încă trebuie să fie demonstrat, în afara oricărui dubiu.

Cu toate acestea, asemănările dintre organizaţia franceză şi Ordinul nostru formează o listă cu 41 de puncte, ceea ce ne creează o problemă destul de serioasă, oferind în acelaşi timp şi posibilităţi de investigaţie foarte interesante.

Oricum, este de remarcat faptul că, deşi Francmasoneria modernă a ajuns în Franţa la mijlocul veacului al XVIII-lea, pentru mai mult de un secol nimeni nu a descoperit aceste asemănări, cu atât mai puţin nu a pretins că ar fi fost vreo legătură între cele două organizaţii.

IX

MISTICII

Fratele Hughan[1] spune:

> „De obicei se lua în considerare, mai mult sau mai puțin, influența exercitată asupra Fraternității de Misterele Antice, esenieni, Colegiile Romane, culdei, Ermetism, Fehmgerichte *et hoc genus omne*, în special Steinmetzen, ghildele de meșteșugari și Compagnonage-ul din Franța etc. Dar, având în vedere caracterul separat și independent al francmasonilor, această abordare pare a fi total inutilă. Nu există nicio dovadă că o altă organizație de orice fel, religioasă, filozofică, mistică sau de alt gen, ar fi influențat semnificativ sau doar superficial cutumele Fraternității, chiar dacă acest lucru este posibil."

În fragmentul citat el vorbește în special de perioada de dinainte de 1717. Despre diferitele surse de influență amintite mai înainte ne-am ocupat în lucrarea de față, mai puțin de Misterele Antice, ermetism și esenieni. Aceștia din urmă nu ne vor reține prea mult. S-a susținut că

---

[1] William James Hughan (1841–1911), învățat și scriitor mason, cunoscut pentru alcătuirea unei ediții revizuite a Enciclopediei lui Mackey și pentru numeroasele lucrări publicate în *Ars Quatuor Coronatorum*.

învățăturile lor au fost aduse în Anglia unde au fost preluate de culdei care le-au introdus în Masonerie. Toate acestea sunt simple invenții fără niciun fel de fundament istoric. Esenienii erau o sectă iudaică de origine necunoscută, care propovăduiau venerația pentru lege și puritatea personală, practicând celibatul. Erau împărțiți în trei clase, cel mai înalt țel al individului fiind să se înalțe la harul profeției și al puterii de a vindeca prin miracole. Erau cunoscuți cu două secole înainte de Era Creștină. După distrugerea Ierusalimului au căzut treptat în obscuritate, iar după secolul al IV-lea nu s-a mai auzit nimic despre ei. Au foarte puțin sau aproape nimic în comun cu Ordinul nostru.

Când vine vremea să ne ocupăm de Mistici, găsim argumentația pentru vechimea noastră prezentată sub altă formă. Ideea de căpătâi a tuturor acestor curente de gândire este una singură, anume că a existat încă de la începutul timpurilor un Mare Secret, care a fost transmis într-o manieră ocultă, fie prin scrieri care s-au păstrat într-un mod miraculos, fie printr-un lanț neîntrerupt de filozofi devotați care și l-au transmis pe cale orală. Misticii credeau că Marele Secret era cunoscut în Egipt și învățat în Misterele Antice, urmând să fie dezvăluit la timpul potrivit, pentru a aduce regenerarea lumii, a mileniilor și domnia oamenilor înțelepți. Nimeni nu a susținut că Francmasoneria ar avea cunoștințe despre acest mister, toate indiciile arătând clar că nu este așa.

În schimb, s-au făcut două afirmații. Prima a fost că noi suntem un supraviețuitor degenerat al unei organizații care era în posesia cunoștințelor, dar le-am pierdut și am rămas doar în posesia unei cochilii goale. A doua spune că știința noastră operativă a fost adusă intenționat în Masonerie de rozacrucieni, care, posedând învățături și tradiții ce mergeau în timp până la Misterele Antice și având nevoie de o formă de disimulare, au decis să preia Masoneria Operativă, iar în cursul declinului acesteia să o transforme în depozitarul învățăturilor lor. De fapt, acest principiu este cel urmat în domeniul zoologiei de crabul-călugăr, Masoneria Operativă fiind cochilia goală a melcului-de-mare. Astfel, în timp ce Meșteșugul Operativ este lăsat de acest curent de gândire să dateze din timpurile ghildelor, din vremea începuturilor arhitecturii gotice sau de oriunde altundeva dorește, Masoneria Speculativă este legată de Egipt și de Hermes Trismegistrul, ca mai înainte, dar indirect, în loc să fie considerată un descendent direct. În ambele cazuri, masonul speculativ modern este continuatorul unui mister pe care oricum nu îl mai înțelege.

Vechimea obținută în acest fel pentru Masonerie a stat la baza multor discreditări făcute de criticii noștri. Un anume dr. Armstrong scria în 1847:

> „Francmasonii posedă relicvele și veșmintele aruncate de o fraternitate decedată [...] ei nu au inventat tot simbolismul pe care îl au. Le-a venit de la alții. Ei s-au îmbrăcat într-o mantie străveche pe cât de bine au putut, dar cu o ignoranță evidentă asupra originii acestei vechimi, și nu putem decât să zâmbim la vederea complicatului labirint în care s-au înfășurat singuri.
>
> Ei ne aduc aminte de perplexitatea în care ar cădea un simplu hotentot[1] dacă i s-ar pune la picioare uniforma și echipamentul complet al unui husar din Regimentul 10, fiind nevoit să le îmbrace singur, fără a i se da instrucțiuni."

Heckethorn[2] este un alt exponent proeminent al teoriei „hainelor vechi", așa cum a fost numită, iar în cartea sa despre societățile secrete spune: „Misterele așa cum au ajuns ele la noi sunt încă perpetuate de Masonerie într-o manieră coruptă și lipsită de viziune." În altă parte el mai afirmă:

> „Încă de la prima apariție a omului pe Pământ a existat o rasă favorizată și civilizată, care avea cunoștințe complete despre legile și proprietățile Naturii, cunoștințe care au fost transpuse în desene și figuri mistice considerate a fi reprezentări corespunzătoare pentru a

---

[1] Popor format din triburi de păstori nomazi de limbă boșimană, răspândit odinioară în vestul și în sudul Africii.

[2] Scriitor englez, autor al lucrării *The secret societies of all ages and countries* (1875).

asigura păstrarea şi perpetuarea lor. Aceste figuri şi desene sunt păstrate în Masonerie, chiar dacă semnificaţiile lor nu mai sunt înţelese de Fraternitate. Ţelul tuturor societăţilor secrete, cu excepţia celor pur politice, era de a păstra cunoştinţele care încă mai existau sau de a recupera ceea ce a fost pierdut. Francmasoneria, fiind condensarea învăţăturilor tuturor acestor societăţi, posedă dogme în concordanţă cu cele care se practicau în Misterele Antice şi alte asociaţii asemănătoare, dar este imposibil să considerăm că originea ei vine de la oricare dintre societăţile secrete care au precedat-o."

În afară de presupunerea iniţială, în acest lanţ de raţionament mai există şi o altă verigă slabă, respectiv cuvântul „păstrare", care implică ipoteza că Masoneria modernă, cu ceremoniile şi simbolurile sale, nu s-a schimbat deloc de-a lungul veacurilor. Acum noi ştim că nu este aşa. Ştim că cea mai mare parte a ritualului nostru este modernă, în mod special pentru gradul al treilea, acesta constituind cea mai izbitoare paralelă pe care o avem cu religiile din Antichitate.

Dacă examinăm propria noastră versiune despre originea Ordinului, nu găsim nicăieri pretenţia că am poseda mai multe secrete universale decât cunoaşterea geometriei, şi nu pretindem în niciun fel că ne-am trage din Misterele Antice. Este adevărat că în Vechile Rânduieli se aminteşte despre Hermes, iar în Cooke MS se vorbeşte despre Pitagora, care ar fi recuperat pilaştrii pe care copiii lui Lamech şi-au scris învăţăturile. Dar acestea sunt doar menţiuni pasagere. Abraham a fost acela care, plecând din Caldeea, i-a învăţat pe egipteni, iar discipolul său Euclid a fost cel care i-a instruit pe copiii nobililor în ştiinţa geometriei, înfiinţând astfel Masoneria.

Deja am spus că este posibil ca în Cooke MS să existe o formă mai veche a legendei noastre, şi ne-am fi aşteptat ca masonii de origine estică să păstreze mai degrabă amintirea lui Pitagora, care a fost un geniu al geometriei, decât pe cea a lui Hermes, care a fost un filozof. Dar în acest fragment autorul pare mai degrabă a-şi prezenta propriile sale cunoştinţe atunci când îi aminteşte pe amândoi, aparent Hermes fiind cel menționat întotdeauna în versiunea extinsă a legendei noastre. În ceea ce-l privește pe Pitagora, el s-a făcut cunoscut în jurul anului 550 î.Hr. și a fost primul care a introdus predarea geometriei ca pe o știință abstractă și liberală, necesar a fi studiată ca subiect independent. De asemenea, el a înființat la Crotona o asociație pentru reformare socială, unde preda doctrina transmigrației, dar concepțiile sale filozofice au supraviețuit doar două secole după moartea sa. Doctrina lui a fost importantă doar pentru măsura în care Platon a fost influențat de ea.

Numele lui Pitagora ar fi fost familiar oricărui călugăr care făcea compilații în secolul al XI-lea sau al XII-lea, fiind venerat de oricine studia geometria teoretică. În ceea ce-l privește pe Hermes, în Egipt acest nume era pur și simplu una dintre titulaturile zeului Thoth. Bineînțeles că în Grecia desemna un zeu total diferit, dar acest aspect nu ne interesează acum.

Thoth era zeul cărților sacre, astfel încât se spune că el le-a și scris, sub numele de Hermes. Cărțile erau 42 la număr, unele tratând chestiuni religioase și de ritual, altele fiind cărți medicale și geografice, precum și o serie de tratate de astronomie și astrologie. Niciuna nu avea ca subiect geometria sau arhitectura. Mai târziu, Hermes Trismegistul, după cum avea să fie cunoscut, a devenit un pseudonim convenabil pentru scriitorul care a încercat combinarea neoplatonismului și a celorlalte filozofii și teozofii din secolul al III-lea opuse creștinismului, care în acea vreme creșteau rapid în importanță.

În scurt timp lui Hermes i s-a atribuit și o reputație de magician, iar Augustin îl citează, crezând că Hermes Trismegistul chiar a fost o persoană reală, făcând referiri la demoni și la puterea pe care acesta o avea asupra lor. Prin urmare numele lui ar fi fost familiar unui călugăr, chiar dacă este posibil ca pe masonii operativi și pe arhitecți să nu-i fi interesat în mod special. Cu toate acestea, s-a preferat ca el să fie menționat în Vechile Rânduieli, în locul lui Pitagora.

Neoplatoniștii și descendenții lor nu au supraviețuit domniei lui Iustinian. Mult timp după aceea ne întâlnim cu ermeticii și cu teoria care spune că vechile cunoștințe secrete au fost transmise de-a lungul veacurilor de grupul de înțelepti cunoscut sub numele de Lanțul Ermetic. Numai că ideea celor doi pilaștri în care se depozitase toată cunoașterea se regăsește în manuscrisele vremii și ar fi fost familiară oricărui om cu școală din acea perioadă. Legenda noastră, așa cum era în 1400, nu trebuie suspectată că ar conține ceva mai mult decât niște concepte obișnuite, cunoscute pe larg în timpurile respective. Putea să fie introdusă în documente fără nicio implicare din partea Misticilor și fără a se invoca existența vreunei tradiții secrete originare din est.

În privința Misterelor Antice, un alt loc unde Hermes și-ar fi ascuns cunoștințele, este trist faptul că ori de câte ori încercăm să abordăm acest subiect, și în mod special dificila problemă a transmiterii acestor cunoștințe către veacurile viitoare, întâlnim o lamentabilă lipsă de concretețe și de realism, combinată cu mult mister și referiri la lucruri absconse.

Cunoaștem destul de bine ce își imaginau gânditorii medievali că ar fi fost aceste mistere. Practicanții lor sperau să recupereze cele trei forme ale înțelepciunii secrete: (i) Filozofia naturii sau cunoașterea ocultă a lucrării lui Dumnezeu; (ii) Teologia sau cunoașterea ocultă a lui Dumnezeu însuși; (iii) Religia sau legăturile oculte ale lui Dumnezeu cu sufletul omenesc. Dumnezeu l-a învățat toate acestea pe Adam, potrivit adepților Cabalei, ulterior fiind transmise lui Abraham care le-a dus către Egipt.

Se presupunea că aceste trei ramuri ale cunoașterii există pe Pământ doar într-o formă degenerată și coruptă, fiind datoria filozofilor să păstreze în taină adevăratele învățături până la momentul potrivit pentru a fi dezvăluite. Gruparea mai lumească a filozofilor, cei care studiau prima ramură, a căutat să găsească ceea ce se presupunea dintotdeauna că există în posesia unui învățat îndepărtat și enigmatic, adică cele trei universale: transmutatorul universal, solventul și panaceul; cu alte cuvinte Piatra Filozofală, Alcahestul și elixirul vieții. Acestea erau țelurile alchimiștilor, care studiau și astrologia, și magia.

Cu Misterele Antice, ca modele de ritual ce implică inițieri, ceremonii și învățături despre moarte și înviere, avem o legătură evidentă care nu poate fi negată. O legătură atât de puternică încât ele trebuie să fi fost precursoarele noastre. Dar asta s-ar fi putut întâmpla în mai multe feluri. Misterele s-ar fi putut perpetua în secret şi continua neîntrerupt până când s-au transformat în Masoneria Operativă. Dintr-odată, aceasta este cea mai uşoară şi măgulitoare ipoteză. Numai că în completa absenţă a oricărui indiciu de ezoterism sau ceremonie elaborată practicate în vremurile operative, în faţa unor dovezi istorice că Misterele şi-au prelungit existenţa într-o formă coruptă doar până în secolul al V-lea, după care au dispărut. În faţa ignoranţei complete vădite de Vechile Rânduieli faţă de Roma sau Grecia antică, orice ipoteză care implică o transmitere prin intermediul primilor masoni operativi şi al comancinilor, de exemplu, are nevoie de mai mult sprijin decât li se pare chiar şi celor care sunt împotriva ei.

Cealaltă formă a teoriei pe care am menţionat-o anterior, care presupune o preluare prin rozacrucieni la o dată ulterioară, va fi abordată atunci când vom vorbi despre aceşti filozofi. Trebuie totuşi să observăm că întregul nostru ceremonial este iudaic în topografia sa, ca să spunem aşa, şi germanic în spiritul său, neavând nicio influenţă din Roma sau Grecia antică.

S-a formulat şi o alternativă care spune că „un grup de filozofi din secolul al XVII-lea ar fi scormonit prin Antichitate căutând un model pentru nou-născuta lor Francmasonerie“ (Gould). Fără îndoială că astfel Misterele Antice au venit ca o mănuşă şi asemănările dintre Masonerie şi acestea au fost elucidate dintr-odată. Dar, pentru a lupta împotriva acestei ipoteze umilitoare şi deranjante trebuie să susţinem cu tărie că trebuia să existe ceva în Masoneria acceptată (speculativă), în secolul al XVII-lea care să-i fi convins pe Randle Holme, Ashmole şi alţii să se alăture ei aşa cum au făcut-o.

Cu toate acestea, filozofii noştri din secolele al XVII-lea şi al XVIII-lea („gânditorii masoni“, ca să folosesc expresia unuia dintre marii noştri învăţaţi) sunt fără îndoială responsabili pentru multe afirmaţii care au fost folosite de alţii pentru a demonstra originea greacă sau romană a Masoneriei. Dar în acest moment nu suntem preocupaţi de Mistere ca model pentru ceremoniile noastre, ci ca origini pentru învățăturile tainice ale misticilor medievali.

Adevărata natură a Misterelor Antice ne este suficient de clară: toate popoarele antice își învăluiau în mister o parte a ritualului religios pentru a-i spori efectul. Evreii au făcut-o. Astăzi, în India, doar brahmanii și preoții au acces în încăperea centrală din interiorul templului, iar la eleusini era un sistem similar. La această simplă restricție de acces au adăugat niște învățături ezoterice, care erau împărtășite doar unui grup select de inițiați.

Numai că, din păcate, noi nu știm în ce constau aceste învățături. Cunoaștem destul de multe amănunte despre rituri și ceremonii, care adeseori includeau reprezentări ale morții și învierii. Importanța lor asupra subiectului nostru a fost deja arătată, iar în legătură cu învățăturile propriu-zise nu putem decât să formulăm niște teorii.

Gould spunea:

> „În timp ce, pe de o parte, este esențial ca teoriile vechi și depășite să fie îngropate și date uitării, pe de altă parte trebuie să fim foarte atenți ca nu cumva în graba noastră să îngropăm de vii niște credințe străvechi. La începutul acestei istorii, folosirea analogiilor metaforice inspirate din contrastele existente în natura înconjurătoare, cum ar fi opoziția dintre lumină și întuneric, căldură și frig, viață și moarte, a fost considerată o caracteristică generală a tuturor Frățiilor secrete, care erau nevoite să le transmită celor neinițiați, într-un limbaj simbolic, acea relație de contrast de care depindea însăși existența lor."

De fapt, presupusa legătură cu Ermetismul și prin el cu învățăturile oculte ale Antichității este bazată în întregime pe simbolismul nostru. Fără niciun dubiu, noi avem un număr de simboluri pe care ermeticii le cunoșteau și le foloseau de mult timp și care nu sunt absolut masonice, dar interpretarea pe care le-o dăm noi este diferită de cea a misticilor. Însă acuratețea istorică are nevoie să descopere orice legături dintre cele două organizații, altele decât cea derivată din faptul că

Ashmole şi alţi membri ai Ordinului din secolul al XVII-lea şi după erau şi masoni, şi rozacrucieni.

De Quincey[1] a scris în 1824 un eseu intitulat „Historico-critical Inquiry into the Origins of the Rosicrucians and the Freemasons", bazat pe lucrări anterioare ale profesorului Buhle[2]. Aici se susţine o variantă amintită de mine mai înainte, anume că Misticii au grefat Masoneria Speculativă pe cea operativă. Dar această teorie este infirmată atunci când examinăm adevărata istorie a rozacrucianismului.

Originea misticismului a fost Alexandria, acolo unde s-au întâlnit grecii, orientalii şi egiptenii, fiecare având învăţături de secole în spate, la care s-au adăugat evreii şi creştinii, sporind confuzia de opinii care deja exista. Rezultatul final a fost neoplatonismul, iar la evrei Cabala. Neoplatonismul a dispărut şi nu a lăsat nicio urmă, după ce cunoştinţele grecilor s-au pierdut. Dar după renaşterea cunoaşterii, scrierile rămase au fost scuturate de praf şi citite cu nesaţ, iar Hermes Trismegistul, considerat a fi izvorul tuturor învăţăturilor antice, a devenit eroul unui cult, cel al ermeticilor, care susţineau că nişte filozofi necunoscuţi au menţionat continuitatea învăţăturilor ezoterice, neconsemnate în documente, adevăratele continuatoare ale moştenirii lăsate de Misterele Antice.

Cea mai importantă manifestare a Cabalei a fost o carte scrisă nu mai târziu de secolul al IX-lea, pretinsă a fi opera lui Abraham, iar explicaţia dată transmiterii învăţăturilor secrete a fost că încă din vremea acestuia ele au fost păstrate în nişte manuscrise pierdute timp de sute de ani, apoi au fost recuperate treptat în mod miraculos.

În ceea ce priveşte doctrinele Cabalei, acestea nu ne interesează în mod direct, de vreme ce nu se regăsesc în Masonerie. Cel mai important

---

[1] Thomas de Quincey (1785–1859), eseist, prozator şi jurnalist englez, consumator de opiu, considerat a fi iniţiatorul literaturii scriitorilor dependenţi de droguri din cultura occidentală. Opera sa i-a influenţat, printre alţii, pe Edgar Allan Poe, Charles Baudelaire şi Nikolai Gogol.

[2] Johann Gottlieb Buhle (1763–1821), învăţat şi filozof german. A lansat ipoteza potrivit căreia Francmasoneria Speculativă a ajuns în Anglia în perioada 1629–1635 prin strădania lui Robert Fludd, care fusese anterior iniţiat în Rozacrucianism.

principiu al lor este cel al emanațiilor, la care se adaugă o formă de metempsihoză[1]. Cu toate acestea, se pare că noi folosim o parte din terminologia lor, astfel încât ar fi potrivit să descriem Puterile, denumite și Sefiroturi, care sunt manifestări ale Divinității și formează baza întregii Creații.

Puterile au fost amplasate într-o diagramă care imită forma corpului uman și grupate în triade, care sunt legate în ordine una de alta. Lor li s-au atribuit numere, după cum urmează:

Prima Triadă, cea Intelectuală

1. Capul. Puterea sau „Coroana". Puterea primordială și unificatoare.
2. Partea dreaptă a feței. Înțelepciunea. Masculin.
3. Partea stângă a feței. Inteligența. Feminin.

A doua Triadă, cea Morală

4. Brațul drept. Dragostea. Masculin.
5. Brațul stâng. Dreptatea. Feminin.
6. Pieptul. Frumusețea. Puterea unificatoare.

A treia Triadă, cea Materială

7. Piciorul drept. Fermitate. Masculin.
8. Piciorul stâng. Splendoare. Feminin.
9. Trunchiul. Fundamentul. Puterea unificatoare.
10. Învelișul care le cuprinde pe toate. Regatul.

Cele trei puteri masculine formează coloana rigorii, cele trei feminine coloana compasiunii, iar cele trei unificatoare pe cea a moderației.

Toate acestea pot părea ca lipsite de noimă pentru mulți dintre noi, dar doctrinele cabalistice au fost în mare vogă. În plus, ele au o ramură care conține un sistem de interpretare și descifrare a textelor antice, prin care se pot rearanja astfel încât să însemne aproape orice. Asta

---

[1] Credință conform căreia sufletul omului, după moarte, trece succesiv printr-un șir de reîncarnări în animale, plante și oameni, în vederea purificării.

s-a întâmplat din cauză că în ultimele secole adepții Cabalei au pretins că pot extrage din Vechiul Testament toate învățăturile, în special doctrinele creștine, ceea ce a dat un mare impuls studierii iudaismului, cu efecte de lungă durată asupra istoriei gândirii europene.

Oricum, toate acestea sunt străine Ordinului nostru, singurele elemente care ne interesează sunt doar frazeologia și denumirile triadelor și ale puterilor. În legătură cu ele, în primul rând întreaga doctrină despre Sefiroturi a apărut în secolul al XIII-lea, iar în al doilea rând, așa cum am mai spus, nu putem să identificăm ce este vechi și ce este nou în ritualul nostru. În orice caz, scrierile datează din veacul al XVIII-lea, ele fiind cele în care termenii cabalistici apar cel mai frecvent. De fapt, între secolele al II-lea și al XII-lea, Cabala a cam lâncezit, iar înainte de veacul al IX-lea doctrina emanațiilor nu fusese dezvoltată, neexistând decât tradiția unor învățături oculte și metoda interpretării textelor.

Este posibil ca o parte din simbolismul nostru să conțină unele dintre ideile Cabalei, dar această influență este slabă și s-a produs târziu, aparând doar sporadic în anumite caracteristici ale terminologiei, și poate în unele dintre numeroasele noastre triade.

Despre rozacrucieni s-a auzit prima oară în jurul anului 1610. Ca să-l cităm pe Hughan:

> „Ceea ce este cunoscut ca fiind organizația rozacrucienilor sunt în realitate un număr de indivizi izolați care la începutul secolului al XVII-lea au avut anumite păreri comune, care se pare că au fost singurul lor motiv de alăturare, neexistând dovezi despre o societate în adevăratul sens al cuvântului, care organiza adunări și avea o structură ierarhică strictă. Cât despre numeroasele lucrări din domeniu, este evident că scriitorii care pozau în rozacrucieni erau reformatori religioși cu numeroase calități morale, foloseau tehnicile chimiei (alchimiei) și științele în general ca pe un medium prin care să-și prezinte opiniile, adăugând și o aromă de misticism și ocultism care stârnește curiozități și sugerează înțelesuri ascunse care pot fi observate și descoperite numai de adepți."

În mod clar, absența unei organizații structurate este fatală pentru teoria rozacruciană privind originea noastră, reducând-o doar la acceptarea unei anumite influențe asupra Ordinului pe care au avut-o rozacrucienii membri ai Francmasoneriei. Asta este posibil să se fi produs.

În același timp, în perioada respectivă se credea ferm în existența unei Frății reale, iar părerea lui Buhle și a lui De Quincey este că ea s-a format pe continent și a ajuns la o formă de organizare în Anglia, adoptând în același timp numele de Francmasonerie. Din nefericire, întreaga chestiune este atât de vagă încât nu putem spune concret care erau doctrinele fraternității, din simplul motiv că printre filozofi nu există un consens în această privință. De fapt, găsim secretele ermetiste, cele trei universale, ceva filozofie mistică și vagă, precum și credința în magie și influența demonilor.

Termenii de ermetism și rozacrucianism au devenit complementari, unul derivând de la un filozof mitic, celălalt de la o fraternitate la fel de mitică. După cum am mai spus, atunci când se pune întrebarea dacă în Francmasoneria modernă există urme ale misticilor, vedem că ele nu se regăsesc în învățăturile noastre, noi neștiind nimic despre alchimie, demoni sau magie. Ele există doar în simbolurile pe care le folosim, cele pe care le-au utilizat și ermeticii.

De fapt, în prezent Francmasoneria este o societate care nu are niciun fel de învățături ezoterice de tipul celor în care au crezut rozacrucienii. Noi nu suntem în mod strict o organizație secretă, nu ne ascundem existența. Noi continuăm să funcționăm și astăzi doar în virtutea învățăturilor noastre despre dragostea frățească și egalitate, împreună cu practicarea principiului cardinal despre întrajutorare, după cum se poate vedea din marile noastre opere de caritate. Noi nu promovăm nimic ce nu se poate găsi independent în cultura lumii, nimic mai abscons decât simpla moralitate ilustrată prin simbolurile familiare fiecărui mason. Secretele noastre moderne sunt exclusiv cele ale ritualului, la care se adaugă modurile de recunoaștere, care, după toate probabilitățile, au fost adoptate ulterior. Singura urmă evidentă de ermetism pe care o avem este posesiunea în comun a unui simbolism, apărut în cazul nostru ceva mai târziu. Foarte probabil că simbolismul se datorează unor persoane familiarizate cu ideile ermetice şi rozacruciene, care erau şi francmasoni, cum a fost Ashmole.

În ceea ce priveşte teoria lui Buhle, ea şchioapătă din cauza lipsei dovezilor istorice despre existenţa unei fraternităţi în Anglia sau oriunde altundeva. În plus, există multe motive pentru a crede că Masoneria Speculativă a existat înainte de a se auzi de rozacrucianism. Nu există dovezi pentru a spune că Francmasoneria nu a existat într-o formă speculativă înainte ca filozofii ermetişti să apară, adică înainte de Paracelsus, care s-a născut în 1493.

Pe de altă parte, nu există dovezi nici pentru a spune că diverşii filozofi ermetişti erau mai mult decât nişte gânditori izolaţi şi că au format o organizaţie reală. Poate că Ermetismul a păstrat ceva urme de cunoştinţe mistice arhaice, fiind indubitabil că noi am preluat cumva nişte simboluri cărora ei le-au ataşat înţelesuri ezoterice despre care noi nu ştim nimic. Numai că aceste simboluri au intrat în posesia noastră târziu, iar o altă legătură, mai strânsă, între Masoneria Speculativă şi întreaga tagmă a filozofilor mistici încă nu a fost demonstrată.

X

LEGENDE, SIMBOLURI ŞI RITUAL

Autorităţile în domeniu încă nu s-au pus de acord asupra momentului exact în care ritualul nostru a preluat forma cu trei grade din prezent. În orice caz, cu toţii admit că acest lucru s-a produs după formarea Marii Loji a Angliei. Este scris în Vechile Rânduieli că în vremurile operative exista o ceremonie anume pentru admiterea ucenicilor, în cadrul căreia se transmiteau secretele privind modurile de recunoaştere, secrete pe care ucenicul nu trebuia să le divulge. Este evident că pe lângă asta existau şi secrete operative, dar ele se învăţau treptat în perioada uceniciei, la fel cum geometria este învăţată în prezent de un copil la şcoală, neputând fi predată toată deodată. Ucenicul se afla sub obligaţia permanentă a păstrării secretului privind tot ceea ce se întâmpla în lojă.

Este posibil să fi existat şi o a doua ceremonie de primire a ucenicului, atunci când el îşi îndeplinea toate sarcinile de învăţăcel şi devenea un membru plin al Fraternităţii, prin analogie cu tradiţiile ghildelor, aşa cum se sugerează într-un pasaj din Cooke MS. Două ceremonii mai sunt menţionate şi într-o însemnare făcută în anul 1702, din nefericire incompletă, într-un registru de minute al lojii din Haughfoot, în prezent dispărută, iar în minutele lojii mixte din Kelso se face referire la admitere şi pasaj ca fiind ceremonii distincte. Dar acestea sunt singurele indicii pe care le avem.

În analizarea problemelor privind ritualul sunt nevoit să las multe aspecte ca fiind implicite, în timp ce într-o prezentare orală ar putea să fie dezvoltate mult mai liber. De asemenea, de multe ori cititorii vor trebui să observe singuri analogiile şi să tragă concluziile.

Acestea fiind stabilite, voi continua prin a mă referi la câteva legende medievale, unele de origine talmudică, ce au semnificaţie pentru Ordinul nostru. Doresc să încep prin a-mi exprima recunoştinţa către venerabilul frate, reverendul Morris Rosenbaum, care mi-a permis să folosesc materiale din prelegerile şi textele sale publicate, în special despre cei doi Hiram. De asemenea, îi mulţumesc şi fratelui E.L. Hawkins pentru permisiunea referitoare la o lucrare recent citită de el în loja Quatuor Coronati, despre ritualul masonic înainte de apariţia Marii Loji.

Cea mai timpurie versiune a Istoriei Legendare pe care o avem în forma sa extinsă se află în Cooke MS. Acolo citim că, atunci când copiii lui Lamech au aflat că Dumnezeu plănuia să distrugă lumea, fie prin foc, fie prin apă, şi-au scris tot tezaurul lor de cunoştinţe pe doi pilaştri, iar la mulţi ani după Potop aceştia au fost descoperiţi, „după cum se spune în Polycronicon[1]“, unul de Pitagora, iar celălalt de Hermes. În Cooke MS nu se face o legătură între aceste fapte nici cu legenda ulterioară, nici cu Nemorth, Abraham sau Euclid, iar în realitate în Polycronicon nu scrie că ei au găsit pilaştrii. Numele lor apare în alt context în lucrarea respectivă, scrisă în jurul anului 1350, acolo spunându-se despre pilaştri că „oamenii şi-au scris cunoştinţele pe ei, iar aceşti stâlpi se zice că s-ar afla în Siria“, autorul citându-l ca sursă pe Josephus[2]. El a scris că fiii lui Seth au aflat de la Adam că lumea urma să fie distrusă şi au construit două coloane pe care şi-au gravat

[1] Compilaţie scrisă în secolul al XIV-lea de călugărul şi cronicarul englez Ranulf Higden (1280–1364). Lucrarea este o istorie universală a lumii începând de la Geneză, şi cuprinde cunoştinţe de geografie, istorie şi diverse alte ştiinţe ale vremii.

[2] Titus Flavius Josephus (n. 37 – d. 100), născut Yosef ben Matityahu, învăţat, istoric şi hagiograf romano-evreu, ale cărui lucrări oferă informaţii preţioase despre iudaismul secolului I d.Hr. şi perioada de început a creştinismului.

toate învățăturile. Previziunea lor a fost justă, deoarece sunt sigur, spune Josephus, că aceste coloane din piatră se află în Siria, unde pot fi văzute și astăzi. Versiunea din Talmud este diferită și atribuie scrierea lui Kenan, tatăl nevestelor lui Lamech, dar ceea ce a scris el erau profeții. Într-o versiune metrică engleză a Genezei și Exodului, din jurul anului 1250, se spune că „Jobal" i-a învățat pe evrei să aleagă și să împerecheze vitele după semne, mărime, vârstă și culoare, și că:

Pe două table din lut ars și aramă
A scris el aceste cunoștințe, înțelept cum era,
Ca să nu fie șterse și să dăinuiască,
Chiar dacă vine focul sau apa.
(Am modernizat limba.)

Astfel vedem că ideea stâlpilor din ceramică, marmură sau aramă construiți de familia lui Lamech era populară în acele vremuri, existând în multe variante. Dar teoria că Hermes a găsit-o pe una, iar Pitagora pe cealaltă, nu era chiar atât de răspândită. Dr. Begemann consideră că este o simplă invenție a celui care a compilat Cooke MS, care s-a văzut nevoit să facă ceva pentru a păstra cursivitatea legendei (*History*, i. p. 179). După cum observă Begemann, autorul manuscrisului ar fi putut găsi aceste nume în Polycronicon.

De fapt, în acele timpuri numele lui Hermes era cunoscut ca fiind cel al unui filozof mistic, iar masonii cu siguranță că îl știau și îl venerau pe marele geometru care fusese Pitagora. Dar, după cum am arătat într-un capitol anterior, în versiunea legendei cuprinsă în Vechile Rânduieli s-a preferat să fie păstrat Hermes, renunțându-se la Pitagora. Faptul că autorul compilației Cooke MS, sau poate chiar cel al lucrării originale, a avut Polycroniconul în fața lui este sigur. De aceea, nu trebuie neapărat să considerăm că versiunea extinsă a legendei este mai veche decât respectiva lucrare, fiind la fel de posibil ca autorul să fi adăugat foarte mult la versiunea existentă. Ranulphus Higden, care a scris Polycronicon, a murit în 1363.

Cei doi stâlpi ne duc imediat către o legătură firească cu Templul lui Solomon, pentru care Hiram a turnat doi stâlpi din aramă, care străjuiau intrarea, şi aşa cum scrie în Biblie, Solomon l-a numit pe cel din stânga Boaz, probabil numele unui strămoş de-al său, iar pe cel din dreapta Jachin. Biblia nu oferă niciun indiciu despre motivul pentru care a fost ales acest nume. Dar dl Shaw Caldecott[1], în lucrarea lui despre Templul lui Solomon, sugerează că unul dintre stâlpi era regesc, iar celălalt preoţesc, deoarece în timpul ceremoniilor publice regele stătea în dreptul unuia, iar marele preot în dreptul celuilalt. Găsim că Iosia a stat lângă pilastru atunci când a fost proclamat rege (2 *Regi* xxiii. *3*)[2]. Ioas a stat şi el lângă pilastru, conform obiceiului (2 *Regi* xi. *4*)[3]. Se pare că Jachin era un nume preoţesc în zilele lui David, astfel încât există posibilitatea ca un preot cu acest nume să fi luat parte la ceremoniile regelui Solomon, poate chiar înlocuindu-l pe marele preot care, din cauza ceremonialului sau din alte motive, nu putea să oficieze.

Dacă presupunem că cei doi stâlpi aveau numele scris pe ei, atunci semnificaţia lor în limba ebraică este clară. Boaz înseamnă „În el este puterea", iar Jachin „El va ctitori". În acest fel, cele două pot fi citite împreună astfel: „Cel ce are puterea va ctitori (această Casă)." În Biblia de la Geneva, care a fost folosită în Anglia din 1560 până târziu în secolul al XVII-lea, ambele cuvinte sunt traduse greşit. Pentru Boaz se foloseşte „În forţă", iar pentru Jachin „Să ctitorească" sau „Stabilitate". Un alt exemplu de traducere greşită, în aceeaşi Biblie, este înţelesul dat numelui lui Tubal Cain, respectiv „posesiuni lumeşti", când de fapt el înseamnă Tubal Fierarul. În mod asemănător, pentru Shibboleth se dă semnificaţia de cădere de ape sau ştiulete de porumb. Mai precis, Shibboleth înseamnă o curgere de apă, iar atunci

---

[1] William Shaw Caldecott (1839–1921), reverend, autor al lucrării *The second Temple in Jerusalem: its history and its structure,* publicată în 1908 la Londra.

[2] Menţionarea pilaştrilor în versetul respectiv se întâlneşte doar în bibliile anglo-saxone, nu şi în cea ortodoxă.

[3] *Idem.*

când locuitorii Galaadului îi puneau la încercare pe efraimiți stăteau lângă un Shibboleth, un râuleț repede curgător.

Dar relatarea despre Templu pe care o avem în Biblie este foarte neclară, și, așa cum a observat Ferguson, ea a fost în general interpretată fie de ebraiști care nu erau arhitecți, fie de arhitecți care nu cunoșteau limba ebraică. Dimensiunile date pilaștrilor în Cartea a treia a Regilor 7:15 le-ar face înălțimea mai mică decât de cinci ori diametrul lor.

La Catedrala Würtzburg sunt doi stâlpi în afara intrării, acolo unde stăteau pilaștrii biblici, stâlpi cărora li s-au dat numele înaintașilor lor iudaici. Au o formă deosebită, astfel încât s-a considerat că au fost făcuți de Maeștrii Comancini. Cu toate acestea, s-a stabilit că ei constituie singurul specimen de simbolism derivat de la Templul Regelui Solomon din toată arhitectura medievală. Dacă lucrurile stau într-adevăr așa, ar trebui să fim reticenți în a folosi acest fapt izolat ca bază pentru o ipoteză.

În legenda Compagnonage-ului, Maître Jacques, al cărui tată se numea Jacquin, învățase sculptura în Grecia și fusese unul dintre primii meșteri ai lui Solomon și coleg cu Hiram. Pentru Templu el construise două coloane, considerate capodopera sa. Dar nu știm când anume a apărut această legendă, o posibilă ipoteză fiind că datează din vremea unei scindări a breslei constructorilor care s-a petrecut la Orléans în 1401, povestea uciderii lui Maître Jacques putând fi o relatare simbolică a unei fapte reale, cineva pe nume Jacques Moler fiind omorât în timpul acelor tulburări. Una dintre porțile orașului Orléans poartă numele de Jacquin.

De asemenea, cei doi supraveghetori ai noștri au fiecare câte o coloană, în acest caz coloanele părând a semnifica niște porți prin care trece candidatul. Putem să mergem și mai departe și să sugerăm că poarta celui de-Al Doilea Supraveghetor duce către o latură a lojii destinate odihnei, în timp ce poarta Primului Supraveghetor duce către locul unde se lucrează. Dar nu știm dacă operativii aveau locuri fixe pentru acești ofițeri.

În loja La Cesaree nr. 590 (care lucrează în limba franceză), atunci când candidatului îi este arătat brevetul, acesta este scos din interiorul unei colonete ornamentate, o interesantă reminiscență a Legendei. Aş observa aici că detaliile diferitelor stiluri ale arhitecturii clasice ar fi putut cu greu să fie familiare masonilor operativi din Evul Mediu, care de-a lungul timpului şi-au dezvoltat un stil arhitectonic propriu.

Cercetătorii au studiat posibilitatea importării simbolismului bazat pe Templu, în secolul al XVII-lea, iar opinia lor este că aceasta trebuie să se fi produs fie mai devreme, deci în vremurile operative, fie mai târziu, fiind deci făcută de fraţii care au condus Masoneria în 1717 şi după. Într-adevăr, se ştie că după 1675 Templul lui Solomon ocupă un loc considerabil în literatura engleză şi este folosit foarte mult ca model. Dar în toată această literatură nu se află nimic care are o importanță pentru noi ca masoni. Fratele Rylands spunea:

> „Deocamdată nu există niciun motiv satisfăcător care să explice de ce Templul lui Solomon şi constructorii lui au fost aleşi să joace un rol important într-un segment al istoriei noastre legendare."

Trebuie totuşi să distingem două metode de introducere a Templului în Istoria Legendară. Putea să fie introdus doar prin ilustrații şi simboluri, iar anumite cuvinte de trecere puteau fi inspirate din el, de exemplu. Este posibilă şi existența unei întregi povestiri despre înălțarea Templului, iar cele spuse că li s-ar fi întâmplat constructorilor să fie de fapt o legendă a Frăţiei. Dar legenda pe care o avem din vremurile operative nu acordă prea multă importanță Templului şi îl menționează doar în trecere pe meşterul Hiram.

În consecință, ar fi improbabil ca masonii operativi să fi avut în acelaşi timp o formă a Legendei Compagnonage-ului sau o altă relatare a celor întâmplate constructorilor Templului. Cu toate acestea, este posibil ca ei să fi avut o formă de simbolism oral legată de coloane, de pildă s-ar fi putut ca ei să fi folosit numele coloanelor ca şi cuvinte de trecere, iar acest lucru să nu fi fost scris în niciun document. După cum putem vedea în Würtzburg, un posibil maestru comancin a construit la catedrală coloanele Templului lui Solomon, şi poate că a făcut-o cu intenţia de a crea un anumit simbolism.

Primii creştini au evitat ca în templele lor să existe asemănări cu locurile de rugăciune păgâne, iar modelele lor iniţiale au fost bazilicile romane sau curţile de justiţie. Înainte de secolul al XII-lea, Biserica a avut grijă să evite orice element comun cu evreii, care erau detestaţi pretutindeni. Dar începând cu veacul al XIII-lea a apărut o puternică tendinţă de utilizare a Templului ca parabolă, în contextul folosirii pe scară largă a simbolismului şi alegoriei de toate felurile. Prin urmare, este firesc să presupunem că masonii operativi erau în posesia unui gen de simbolism rudimentar.

În ceea ce priveşte legenda Compagnonage-ului şi alte istorii care descriu uciderea lui Hiram – Legenda Hiramică – nu se face nicio referire la această poveste în scrierile lui Josephus sau în alte scrieri evreieşti, nefiind menţionată nici in Biblie. Cu toate acestea, se pare că Biblia vorbeşte despre doi Hiram diferiţi, amândoi meşteri constructori ai regelui Solomon. Primul este Hiram cel trimis de regele Tyrului, meşter în proiectare şi în toate meşteşugurile prelucrării metalelor. El era arhitectul. Al doilea Hiram este cel chemat de regele Solomon după terminarea Templului, el fiind cel care a turnat stâlpii uriaşi, marea de aramă şi vasele.

Textul Bibliei susţine ideea că numele acestor două persoane, chiar dacă foarte asemănătoare, erau totuşi diferite, primul fiind Huram iar al doilea Hiram. Forma Huram este cea folosită în Cronici (în anumite versiuni ale Bibliilor anglo-saxone). Dar în Cartea a doua a Cronicilor 4:11, unde se spune „După aceea Hiram a făcut ligheane şi lopeţi, castroane, cădelniţe şi toate vasele pentru jertfe. Şi a sfârşit Hiram lucrările pe care le-a făcut lui Solomon pentru templul lui Dumnezeu", al doilea Huram este de fapt Hiram în ebraică. Iar în relatarea din Cartea Regilor, de asemenea se face distincţie între cele două nume. Josephus ne spune că pe tatăl lui Hiram îl chema Ur şi era israelit prin descendenţă, iar mama lui era din tribul lui Naphtali. În Cronici, după ce se spune despre stâlpii topiţi, avem următoarele în versetul 16:

„Vasele [...] le-a făcut tatăl său Hiram regelui Solomon." Acesta ar fi Hiram Abif. Prin urmare, se sugerează că Hiram cel care turna aramă era fiul lui Hiram arhitectul; vasele și celelalte obiecte fiind făcute din aramă bătută, șlefuită cu măiestrie și lăcuită, un gen de meșteșug dificil care nu era la îndemâna celui de-al doilea Hiram, dar pe care Hiram fiul lui Ur ar fi putut să-l stăpânească. Cel de-al doilea Hiram este descris în continuare ca fiind fiul văduvei. Nu aducem atingere prea mare textului dacă presupunem că Hiram arhitectul a murit în timpul construirii Templului, în ciuda faptului că nu există nicio relatare în acest sens în literatura ebraică.

Dacă presupunem că cea mai mare parte a simbolismului pe care îl avem în legătură cu Templul este o adopție târzie, atunci trebuie să explicăm cum s-a ajuns ca partea lui narativă să ia o formă necunoscută istoriei și diferită de versiunea din Compagnonage, fiind în același timp posibil să facem câteva legături cu Biblia doar pentru că deja cunoaștem cealaltă poveste. Pe de altă parte, dacă aceste povestiri sunt cu adevărat o moștenire din vremurile operative și din străvechime, de ce este Legenda din Vechile Rânduieli atât de evident diferită și de ce nu există niciun indiciu despre ea în documentele masonice timpurii, în special în minutele lojilor scoțiene?

Problema a ceea ce este și ce nu este vechi în simbolismul și ritualurile noastre este una la care în prezent nu se întrevede niciun răspuns. Regretatul frate Woodford spunea cu mulți ani în urmă:

> „De unde a venit Francmasoneria de la 1717? Să acceptăm fie și doar pentru o clipă sugestia că un sistem atât de complex și de curios, care conține atâtea reminiscențe arhaice și atâtea ceremoniale șlefuite cu măiestrie, atâtea cunoștințe interconectate însoțite de atât de multe simboluri uimitoare, s-ar putea să fi fost creat printr-o fraudă pioasă sau printr-o convivialitate ingenioasă, ar apăsa cu greutate pe puterea noastră de a crede și chiar depășește pragul normal al credulității omenești. Amprentele străvechimii sunt prea multe pentru a fi trecute cu vederea sau ignorate."

Cert este faptul că nu se cunoaşte nicio relatare despre Templu sau despre Legenda lui Hiram, care ar putea fi de interes pentru noi, înainte de 1723. Există doar o aluzie la pilaştri într-o poezie burlescă, datată prin dovezi circumstanţiale ca fiind din anul 1713.

După o examinare minuţioasă a fiecărei referinţe din vechile noastre documente, care a avut influenţă asupra ritualului din vremurile operative, fratele Hawkins sintetizează problema astfel:

> „O idee cât de cât limpede asupra desfăşurării ceremoniei de admitere a candidatului putem să ne-o facem din Vechile Rânduieli. Adunarea era deschisă printr-o rugăciune – după care se citea istoria legendară a Ordinului – apoi candidatul era condus să meargă înainte şi instruit să pună mâna pe Cartea Legii Sacre, care era ţinută de unul dintre Seniori, în acest timp fiind citite articolele care îi priveau pe toţi masonii deopotrivă. După încheiere, un scurt legământ era cerut candidatului, la care se raliau toţi cei prezenţi, urmat de citirea Rânduielilor specifice pentru ucenici, care se încheiau printr-un jurământ mai lung prin care candidatul se obliga să ţină secret ceea ce urma să i se comunice. După aceasta, secretele, oricare ar fi fost ele, îi erau împărtăşite, iar ceremonia se încheia."

După cum am mai arătat, aceste secrete nu erau secrete profesionale ale meşteşugului construcţiilor, care se puteau învăţa doar pe parcurs, ci doar modalităţi secrete de recunoaştere. Trebuie notat că în ceremoniile din prezent ucenicului i se spune că este primit ca mason şi i se dezvăluie anumite mijloace de recunoaştere a celorlalţi masoni, făcându-ne să presupunem că în vremurile operative nu era nimic în plus de învăţat despre acest subiect.

În acelaşi timp, găsim în Vechile Rânduieli articole făcute special pentru Maeştri şi Calfe, iar la breslele de pe continent, ceremonii prin care se permitea ieşirea din ghildă a unui membru, în cazuri speciale. Este cel puţin probabil ca şi la noi să fi existat ceva asemănător, de natură simplificată şi simbolică, dar în Vechile Rânduieli nu este scris nimic despre aşa ceva.

În Biblie se spune (Cartea a treia a Regilor 6:7) că Templul a fost construit din piatră fasonată înainte de a fi adusă acolo, astfel încât la locul înălţării nu se auzeau zgomote făcute de unelte din fier. În această situaţie, cu greu ar fi putut masonii operativi să considere că încăperea lojii lor ar fi un simbol potrivit pentru Templu, având în vedere toate uneltele meşteşugului pe care este necesar să le conţină.

Şi o lojă din ziua de azi este la fel de nepotrivită pentru acest scop. Dar masonii operativi, pasionaţi de simboluri, ar fi putut să folosească ideea în ceea ce-l privea pe candidat. După ce era privat de armele şi de banii săi, i se dădeau lecţii morale derivate din sărăcia şi neajutorarea în care se afla. Un astfel de ceremonial ar fi în concordanţă cu ceea ce ştim despre ritualurile celorlalte bresle de meşteşugari.

Ideea pe care se baza interzicerea aducerii fierului în Templu era aceea că din fier se făceau armele care provocau vrajbă şi vărsări de sânge, prin urmare locul său nu era într-un lăcaş ridicat pentru slăvirea unui Dumnezeu al păcii, după cum e scris în Cartea a treia a Regilor 5:3,4. Talmudul are o legendă care spune că Solomon avea puteri magice cu ajutorul cărora scotea pietrele gata tăiate din roca brută, dar în Biblie nu s-a acordat importanţă acestui aspect, nefiind menţionat în Cronici.

Scara în spirală pe care a construit-o Solomon pentru a se ajunge în camera de mijloc este menţionată de Josephus, care spunea că era săpată în masa zidului, dând impresia că avea scop de acces privat, fiind foarte puţin probabil să fi fost folosită de muncitori. Într-adevăr, este evident că în timpul înălţării Templului aceştia îşi primeau salariile într-o clădire provizorie situată în exterior.

XI

LEGENDE, SIMBOLURI ŞI RITUAL
(continuare)

Datorită legăturilor noastre constante şi apropiate cu Biserica, legendele masonice au un ton biblic şi ecleziastic, semănând cu breviarele monastice şi fiind foarte diferite în stil şi spirit de istorisirile din baladele populare. Aymon s-a strecurat în Vechile Rânduieli, probabil din cauza unui copist mai familiarizat cu Roland şi Charlemagne, decât cu Abraham. Dar sursele legendei, pe cât pot fi urmărite sau pe cât sunt indicate, ca în Cooke MS, sunt lucrări care cu siguranţă că s-ar fi găsit în biblioteca unei mănăstiri.

Istoria monastică a abaţiei Sfântului Augustin din Canterbury conţine un pasaj a cărui traducere liberă este următoarea:

> „Este minunat că oameni sfinţi au ridicat acest sălaş prin ordinul monastic şi Rânduielile lui, din timpurile în care, după cum mărturiseşte Sfântul Ieronim în cea de-a 68-a epistolă, fiii profeţilor din Vechiul Testament păreau a fi călugări, iar Elias şi Elisha erau stareţi ai acelor călugări. De aceea scrie Dionysius că ordinul călugăresc este mai admirabil şi mai măreţ decât oricare altul. Pentru că, aşa cum scrie Ralph Higden, soldatul roman Longinus care l-a străpuns cu suliţa pe

Mântuitorul nostru a fost făcut călugăr de apostoli, după care a trăit 28 de ani în Cezareea Cappadociei, a convertit pe mulți la credință și a fost martirizat. Și John Cassianus[1] scrie în cartea sa despre tradițiile călugărești că Evanghelistul Marcu[2] a fost primul care a instituit călugări sub Noua Dispensație[3]. Cred că aici avem o referire la călugării din Egipt și Alexandria având în vedere că Longinus a decis să devină călugăr ca urmare a învățăturilor primite de la apostoli înainte ca Marcu să fie trimis în Alexandria... De unde vedem că din vremea patimilor lui Hristos și până astăzi, ordinele călugărești erau mult mai apreciate decât toate celelalte."

Acesta este exact spiritul în care legenda noastră a fost scrisă, iar maniera literară coincide aproape în totalitate cu cea a autorului manuscrisului Cooke MS.

În timp ce noi putem, în baza cunoștințelor moderne, să considerăm că masonii operativi nu erau buni critici ai istoriei, haideți să ne aducem aminte că arhitectura era practic singura artă și știință a vremii care nu se afla într-o stare rudimentară. Din acest motiv, după cum a spus profesorul Rogers:

„A fost studiată cu atâta sârguință și devotament încât a produs rezultate care pentru noi, cu toate posibilitățile moderne de analiză, studiu și punere în aplicare, sunt greu sau aproape imposibil de obținut."

---

[1] Sfântul Ioan Casianul (360–435), călugăr și teolog născut în Sciția Minor, Dobrogea de azi. După o serie de călătorii în Palestina, Egipt, Constantinopol, Grecia și Roma, s-a dus la Marsilia, unde a întemeiat două mănăstiri, una de maici și una de călugări. Este considerat adevăratul părinte al monahismului în Franța.

[2] Sfântul apostol și evanghelist Marcu (d. 68 d.Hr.), autorul Evangheliei după Marcu (cea de-a doua carte a Noului Testament) și însoțitorul Apostolului Pavel (așa cum se povestește în Faptele Apostolilor), este unul dintre cei șaptezeci de Apostoli. Este considerat fondatorul Bisericii Alexandriei în Egipt, fiind și primul ei episcop.

[3] Biblia ne prezintă șapte dispensații (perioade) specifice care s-au perindat sau se vor perinda pe scena lumii. Fiecare este caracterizată de o revelație specifică. Expresia din text, „Noua Dispensație", se referă la epoca Noului Testament, în care ceea ce a fost valabil pentru evrei sub Lege (dată de Dumnezeu lui Moise) nu mai este valabil pentru mântuiții Bisericii Creștine, aflată sub har divin.

Măsura în care simbolismul a existat la masonii operativi este fără îndoială ilustrată de gradul în care simbolismul a fost încorporat de ei în clădirile construite, dar după cum spune Gould în A.Q.C.:

„Oamenii din clasa care în secolul al XIV-lea sau mai devreme a creat legenda Frăției erau de asemenea capabili să priceapă și au priceput mai bine decât noi înțelesurile unei bune părți a simbolismului care s-a transmis de la Masoneria antică la cea modernă."

Astfel, înainte de a presupune că masonii operativi erau deficitari în ceea ce privește simbolismul, trebuie să ne asigurăm că noi înșine suntem capabili de a-l recunoaște atunci când îl întâlnim.

Într-un capitol anterior am amintit ceva din terminologia Cabalei, menționând că învățăturile noastre nu au nimic în comun cu această filozofie. Totuși, în legătură cu simbolismul nostru, următorul citat prezintă interes.

„Prima triadă a emanațiilor nevăzutului și incognoscibilului Ain Soph Aur, cel nemărginit, lumina infinită, prima este Coroana Kether[1]; urmează Chockmah și Binah, înțelepciunea și inteligența, și atunci este Coroana ascunsă și pierdută simțurilor în sublimitatea ei. Cuvântul este pierdut și înlocuit de alte titluri."

O altă pildă de simbolism cabalistic este legată de litera G, care, fiind a treia în alfabetul ebraic, simbolizează și numărul 3, fiind astfel și o reprezentare pentru Trinitatea Divinului. În semnificațiile cabalistice ale literei G există un singur defect de armonie cu monoteismul nostru modern; ni se spune că Tetragramatonul era așezat în Templu, fiind înlocuit în lojile noastre cu litera G latină. În forma sa grecească, litera G seamănă cu echerul unui dulgher. Dar luată de sine stătător, ea nu are nicio noimă, iar afirmația potrivit căreia numele sacru și de nerostit era așezat în Templu este nedovedită și improbabilă.

---

[1] Piesa supremă a Sefirotului sau Copacul Vieții din Cabala. Este atât de sublimă încât în Zohar este numită „cel mai tainic dintre toate lucrurile tainice", fiind complet neinteligibilă pentru om.

Gould scrie în A.Q.C.:

„Ermeticii şi rozacrucienii nu sunt cunoscuţi că ar fi practicat anumite ceremonii mistice sau simbolice pe care le-ar fi transmis francmasonilor."

Dar ei au ataşat o importanţă enormă simbolismului ca fiind vehiculul Învăţăturilor ascunse, următoarele simboluri fiindu-le bine cunoscute: echerul, compasul, triunghiul, dreptunghiul, cei trei Mari Maeştri, ideea tăinuită în substitutul cuvântului; soarele, luna şi Maestrul Lojii; rigla, firul cu plumb, ashlarul perfect; cele două coloane, cercul dintre liniile paralele; Delta sacră; steaua cu cinci colţuri şi Scutul (steaua) lui David, cunoscut şi ca sigiliul lui Solomon sau Hexalpha, fiind şi bijuteria Royal Arch (Ordinul Masonilor Arcului Regal). Acesta este un simbol folosit în toată lumea, fiind de o importanţă cardinală pentru brahmanii Vaishnava[1], de exemplu.

A încerca să urmărim aceste simboluri sau oricare alte simboluri masonice până la originea lor istorică ar fi inutil pentru scopul lucrării noastre. Nu ne rămâne decât să acceptăm că undeva de-a lungul istoriei noastre am împrumutat nişte simboluri de origine ermetistă. În niciunul din cazuri nu putem să indicăm momentul de la care noi am dobândit un simbol sau altul. Simpla posesie în comun a unor simboluri nu este o dovadă a identităţii de origine şi nu are nicio influenţă asupra subiectului descendenţei noastre istorice. Este în mod evident posibil ca înşişi ermeticii, care fără îndoială că şi-au adunat simbolurile de pe unde au putut, să fi adoptat câteva simboluri chiar de la masonii operativi. Câţiva cercetători au mers atât de departe încât au zis că nimic din simbolismul nostru nu are un caracter esenţial masonic şi că oricum se spune chiar în ritualurile noastre că învăţăturile morale pe care noi le atribuim uneltelor de lucru sunt o adăugare recentă. Cu siguranţă că afirmaţia potrivit căreia noi nu ne înţelegem propriile simboluri, care,

---

[1] Una dintre principalele ramuri ale hinduismului, care îl venerează pe Vishnu. Adepţii acestei secte promovează un monoteism diferenţiat (henoteism), adorându-l pe Vishnu şi cele zece reîncărnări ale sale, printre care se află Ram şi Krishna.

spusă într-un mod mai generos, înseamnă că noi le atribuim înțelesuri diferite de cele pe care le aveau în altă parte, este un puternic argument care arată că simbolurile noastre au fost împrumutate de alții.

Pe mormintele medievale și în alte locuri, echerul și compasul apar în mod repetat, dar nu astfel încât să sugereze că poziția în care sunt așezate ar fi fost într-un fel simbolică. Felul în care le folosim astăzi are un iz de secol XVIII foarte pronunțat. Este interesant de notat că simbolurile noastre nu sunt de origine orientală, adică nu vin din India sau din altă parte a Asiei, excluzând Palestina. Știm asta deoarece printre ele nu se află cele două mari simboluri orientale: svastica sau Gammadion, și tridentul sau Trisula.

Bineînțeles că în ritualul nostru din prezent observăm cum unor practici aparent de origine antică li se acordă semnificații moderne. De exemplu, în Prelegeri se oferă o justificare oarecum fantastică pentru condiția pusă candidatului de a fi liber. Aceasta este în mod clar o reminiscență din vremurile operative; el trebuia să fie un *Om liber*, adică să nu fie rob sau iobag, înainte de a fi primit ca ucenic. Pe de altă parte, este cel puțin improbabil ca vreun ucenic să fi avut vârsta de 21 de ani. În același fel, condiția pusă candidatului de a fi întreg din punct de vedere fizic vine tot din timpurile operative. Un ucenic trebuie neapărat să-și poată folosi în întregime membrele, iar cei predispuși îmbolnăvirilor nu erau priviți cu ochi buni, fiind văzuți ca viitoare poveri pentru fondul de caritate al breslei.

Misterele Antice aveau reguli asemănătoare, același lucru fiind practicat și la evrei, după cum scrie în Leviticul 21: 18.

Emblema Inocenței (purtarea șorțului alb), pe de altă parte, este un produs evident al „gânditorilor masoni", deoarece, în primul rând, referirea la ordinele cavalerești moderne naște suspiciuni, iar în al doilea rând, în ce timpuri era șorțul masonilor operativi făcut din piele de miel?

Noi păstrăm o cutumă despre care se spune că se practica la adunările din vremurile operative, încheierea lucrărilor făcându-se prin a-i întreba pe maeștri și calfe dacă au ceva de spus. Am arătat într-un capitol anterior că la un moment dat noi ne-am modelat în mod intenționat ceremoniile după ceea ce se cunoştea despre ritualurile Misterelor Antice. Dar obiceiul călătoriilor iniţiatice, de exemplu, este la fel de bine cunoscut în depărtatele Highlands din Scoţia, la fel ca şi în sudul Indiei.

Repetatele aluzii la adorarea Soarelui din ceremoniile noastre pot cu greu să fie considerate reminiscenţe din Antichitate, deoarece, dacă lucrurile sunt văzute aşa, atunci se naşte următoarea întrebare: din care Antichitate? Fenicienii erau adoratori ai Soarelui, la fel ca grecii sau egiptenii. Dar cu siguranţă constructorii catedralelor medievale nu erau şi nu ni-i putem imagina practicând în mod conştient o serie de rituri păgâne secrete, în prezenţa fraţilor lor speculativi şi a celor din rândurile Bisericii, chiar sub schelele unei catedrale. Şi dacă ei nu sunt legătura cu Antichitatea, atunci avem un alt caz de adoptare intenţionată.

Explicaţia dată în ritualul nostru pentru dezvelirea pieptului candidatului are două sensuri: unul face referire la o tradiţie a Templului despre care deja am vorbit, iar celălalt presupune verificarea sexului candidatului, care cu siguranţă nu vine din vremurile operative. De fapt, acest obicei este probabil o adăugare ulterioară la bine cunoscuta practică semitică şi orientală a scoaterii pantofilor.

Folosirea luminii, în sens simbolic, nu are un echivalent cunoscut în timpurile operative, iar loviturile noastre de ciocan păstrează, într-o formă modificată, un vechi obicei negustoresc despre care am amintit mai înainte.

Ca un argument împotriva presupunerii potrivit căreia o mare parte a ritualului nostru a fost alcătuită după 1717 avem faptul că în cele Patru Vechi Loji (din care s-a format Marea Lojă a Angliei) trebuie să fi fost mulţi membri cu vechime în Masonerie, iar Anderson chiar vorbeşte despre nişte masoni vechi, dar se pare că niciunul dintre ei nu a avut ceva împotriva inovaţiilor. Astfel, se sugerează că, indiferent ce schimbări s-au produs, nu au putut să fie radicale, iar Legenda lui Hiram, de exemplu, trebuie să fi fost deja cunoscută Frăţiei.

S-a sugerat că perioada cruciadelor ar fi o posibilă epocă în care noi să fi preluat legenda Templului. După cum am văzut, Mason's Mark a fost adoptată din această sursă, iar contactul dintre arhitecţii apuseni şi constructorii estici a influenţat stilul arhitectonic european. În mod similar, cruciaţii reîntorşi ne-ar fi putut aduce Legenda lui Hiram, nu prin cavalerii templieri, ci prin grupări precum ghilda Sfântului Ioan de la Ierusalim. Ca să demonstrăm o asemenea ipoteză ar trebui să dovedim (I) existenţa legendei în Palestina secolului al XII-lea, (II) existenţa unor loji operative acolo sau a unei ghilde care să fi fost interesată de legendă şi (III) existenţa legendei în rândul operativilor noştri din Anglia. În prezent nu avem dovezi pentru niciuna dintre ele, doar cea de-a doua părând a avea oarece şanse de probabilitate.

Cu greu ar fi avut nevoie masonii operativi să se recunoască între ei atât ziua, cât şi noaptea, iar ideea că un mason ar fi dorit asta este posibil să vină de la ipoteza, odată foarte la modă, care susţine că predecesorii noştri s-ar fi întâlnit în catacombe. Întâlnirile noastre din timpul nopţii nu sunt o practică din vremurile operative; de fapt, loja din Aberdeen se întrunea pe o colină în plin câmp pentru a primi ucenici, în timpul zilei, fără a avea un ofiţer echivalent acoperitorului nostru.

Chiar şi în secolul al XIX-lea au intervenit schimbări în simbolismul masonic. La unirea dintre cele două Mari Loji Engleze din 1813, care existaseră în paralel încă de la mijlocul veacului al XVIII-lea, multe simboluri perimate care de fapt nu erau înţelese au fost îndepărtate în mod deliberat, iar în argumentările bazate pe simbolurile noastre acest fapt nu ar trebui trecut cu vederea.

Dintre obligaţiile noastre prezente, doar despre una se poate spune că ar inculca o datorie morală, în afară de cea a păstrării secretului. Învăţătura în sine fusese inclusă în Rânduielile meşteşugului în vremurile operative şi se regăseşte în *Poemul Regius*. Atunci când avem puncte speciale adăugate pentru ucenici, acestora li se porunceşte cu tărie să se poarte frumos în casa meşterului lor, o necesitate practică dacă ne gândim că ucenicul trăia mulţi ani acolo, fiind aproape un membru al familiei.

Avertismentul de a nu-l vorbi de rău pe aproapele tău apare într-o versiune ulterioară a Vechilor Rânduieli, enumerat printre îndatoririle unui mason. Pedeapsa într-o lojă scoţiană pentru încălcarea regulilor era amenda, acelaşi lucru întâmplându-se şi în lojile engleze. De fapt, o breaslă de meşteşugari nu putea să hotărască o pedeapsă pe care nu putea să o aplice, iar dacă era nevoie să se aplice legea, acolo erau prevăzute sancţiuni în conformitate cu spiritul epocii. Moartea era pedeapsa pentru un număr enorm de fapte, iar în aplicarea pedepsei pentru trădare, se pare că legiuitorii englezi ai vremurilor s-au străduit să adauge execuţiei toate ororile şi umilinţele posibile. Pedepsele hotărâte ţineau cont de condiţiile locale, de exemplu ca atunci când se vorbeşte despre o înmormântare între flux şi reflux, având în vedere că mareea este un fenomen care se manifestă doar în apele britanice.

Din minutele lojilor scoţiene reiese clar că acestea aveau moduri secrete de recunoaştere. Chiar dacă pentru Frăţia engleză nu avem asemenea dovezi sigure încă din vremurile de început, faptul că la masonii speculativi englezi existau semne şi mijloace de recunoaştere, oricare ar fi fost întinderea ritualului sau numărul de ceremonii separate înainte de 1717, este dovedit din plin prin însemnările despre Frăţie pe care le avem din secolul al XVII-lea şi prin cele scrise în *The Tatler*[1] în 1709 şi 1710.

L-am menţionat mai înainte pe dr. Plot, care în 1686 face o lungă relatare despre Ordin şi în mod special despre istoria noastră legendară, numele său fiind dat uneia dintre familiile în care au fost clasificate Vechile Rânduieli. El spune în mod precis că ceremonia admiterii consista în primul rând din comunicarea anumitor semne secrete, iniţiaţii având datoria să-l ajute pe oricare frate ce se făcea cunoscut prin folosirea lor.

Aubrey, anticarul, vorbeşte şi el despre semne şi cuvinte de recunoaştere şi spune:

> „Maniera în care ele sunt împărtăşite este formală.“

În final, în 1709 şi 1710, Sir Richard Steele menţionează de două ori în *The Tatler* că se ştie public despre francmasoni că se recunosc între ei prin semne şi simboluri.

---

[1] Publicaţie periodică înfiinţată de eseistul Sir Richard Steele, apărută la Londra între aprilie 1709 şi ianuarie 1711.

XII

SECOLUL AL XVII-LEA ȘI FORMAREA MARILOR LOJI

Se poate spune că perioada istorică a Francmasoneriei a început în Scoția cu minutele lojii din Edinburgh în 1599, iar în Anglia cu Elias Ashmole, care a fost inițiat la Warrington în 1646. Minutele lojilor engleze au început să fie scrise în secolul al XVIII-lea și prima noastră eră se încheie în anul 1717 la Londra, atunci când cele Patru Vechi Loji au format Marea Lojă a Angliei.

Autoritatea ei nu a fost acceptată imediat în provincie. Vechea Lojă din York, care își poate urmări istoria înapoi în timp mai mult decât oricare dintre lojile londoneze, și-a păstrat independența, iar în 1725 s-a metamorfozat, apărând sub forma Marii Loji a Întregii Anglii. Dar de-a lungul timpului toate grupările masonice din sudul regatului au aderat la noua jurisdicție, cea a Marii Loji a Angliei.

Masoneria scoțiană a urmat în 1736 exemplul celei engleze, 33 de loji fiind reprezentate la întâlnirile preliminare, din totalul de peste 100 care existau. Cu toate că prima Mare Loja Irlandeză este anterioară acestui moment, se pare că Masoneria nu exista în Irlanda înainte de 1717. După cum am arătat, Masoneria din nord nu era speculativă înainte de apariția Marii Loji, în sensul cunoscut de noi, cu toate că masoni neoperativi erau membri ai lojilor, chiar majoritari în anumite cazuri. În general, lojile nu acordau importanță nici ritualurilor elaborate, până când această modă nu a fost adusă din Anglia, după 1723. Lojile ale căror minute le avem din respectiva perioadă, și scoțiene, și engleze, au în permanență caracter operativ, indiferent de profesiile membrilor lor, singura excepție fiind Vechea Lojă din York. Toate cunoștințele noastre despre existența Masoneriei speculative în secolul al XVII-lea sunt culese din jurnalele și însemnările anticarilor, precum și din mențiunile pasagere din literatura epocii. Cu toate acestea, este clar faptul că Marea Lojă formată în 1717 era o asociere de masoni pur speculativi sau acceptați, care deja lucrau de un timp în patru sau chiar mai multe loji din Londra.

În același timp, nu trebuie să eliminăm posibilitatea ca loji strict operative să mai fi existat pe atunci în Anglia, loji care nu simpatizau cu lojile speculative și care nu au luat parte la formarea Marii Loji și la dezvoltarea Francmasoneriei moderne. Putem chiar să presupunem că, dacă au existat asemenea loji de meșteri constructori, ele ar fi putut să supraviețuiască până în ziua de azi. Dar despre aceste ipoteze, existența, respectiv supraviețuirea, putem doar să spunem că în prezent nu sunt susținute de nicio dovadă materială.

Două dintre cele mai vechi loji scoțiene sunt Edinburgh, ale cărei minute au început să fie scrise din anul 1599, și Mother Kilwinning, cu minute începând de la 1642; dar aceste minute nu sunt consemnări continue ale activității respectivelor loji. Aceste două loji aveau în vremurile de început un drept care în prezent este considerat a fi privilegiul special al unei Mari Loji, acela de a constitui alte loji masonice. De fapt, poziția lor și a lojii din Stirling, azi dispărută, menționată în Statutele Schaw, pare a fi cea a unei Mari Loji Provinciale care avea puterile unei Mari Loji în jurisdicția sa. În mod corespunzător, în Masoneria scoțiană găsim o serie de loji derivate din loja Mother Kilwinning și înființate în diferite așezări din Scoția, chiar și în Edinburgh, care se afla în jurisdicția unei alte Vechi Loji. Aceste loji fiice şi-au adăugat Kilwinning la numele lor de baştină, astfel încât avem Canongate Kilwinning, Torpichen Kilwinning etc.

O altă lojă foarte veche, despre care nu se vorbeşte în Statutele Schaw, este cea din Aberdeen. În 1483 găsim în vechile documente ale oraşului o referire la masonii din lojă, iar sigiliul de înfiinţare dat breslei de Sfatul burgului este datat 1541. Din păcate, minutele acestei loji au început să fie scrise doar din 1670. La acea vreme fraţii neoperativi deţineau deja majoritatea în lojă, plăteau contribuţii mai mari şi se pare că li se permitea să aducă lucrări neoperative ca probe de lucru sau planşe.

Ofiţeri neoperativi se găseau în loja Kilwinning încă din 1672, ei numind adjuncţi din rândurile operativilor pentru a le îndeplini sarcinile. În loja Edinburgh îi găsim admişi în poziţia de calfe, cu vremea fiind ridicaţi la gradul de maestru, ca un compliment, fără îndoială, având în vedere că nu erau meşteri în sensul real al cuvântului şi nici în cel acceptat de Corporaţia constructorilor.

Loja din Glasgow nu primea deloc membri neoperativi, în vremurile de început. Prin contrast, se pare că cea din Dunblane nu numai că avea o majoritate de neoperativi, ci şi simpatii iacobite[1] evidente. La loja Atcheson Haven găsim un notar public admis în Masonerie în mod special pentru a fi folosite serviciile sale de funcţionar şi a se încheia contracte. Dispăruta lojă din Haughfoot este un exemplu de lojă cu majoritate neoperativă despre care există informaţii că încă din 1702 avea un soi de ritual şi o ceremonie. În minutele lojii din Kelso, una mixtă, se dezvăluie în 1702 existenţa gradului de ucenic, separat de cel de calfă. În schimb, loja operativă din Melrose nu a aderat niciodată la Marea Lojă a Scoţiei, adoptând foarte târziu formele engleze sau pe cele extinse ale ceremoniilor de acordare a gradelor.

---

[1] Mişcare politică ce urmărea să-l repună pe tronul Angliei, Scoţiei şi Irlandei pe regele romano-catolic Iacob al II-lea al Angliei şi pe urmaşii săi. Numele mişcării vine de la Jacobus, forma latinizată a lui Iacob, şi se referă la o lungă serie de răscoale iacobite izbucnite între 1688 şi 1746.

Dar cu toate că prezenţa masonilor neoperativi, câteodată majoritari şi adeseori în poziţii de ofiţeri, este o trăsătură comună a Masoneriei scoţiene înainte de era marilor loji, nu există niciun indiciu despre o muncă speculativă, cum ar fi simbolismul sau învăţăturile morale, iar despre ritual nu avem aproape nicio urmă, cu excepţia celor scrise în minutele lojii Haughfoot şi a folosirii celor două grade la Kelso. Atunci când Scoţia a adoptat sistemul Marii Loji, a făcut-o ca urmare a influenţei britanice şi a exemplului speculativilor englezi din urmă cu aproape 20 de ani.

Minutele a trei loji engleze din acea perioadă s-au păstrat până în prezent, respectiv Alnwick, Swalwell şi Vechea Lojă de York. De la Alnwick avem Rânduielile trasate în 1701, care au caracter strict operativ, cu următoarele excepţii, dacă pot fi denumite aşa: Nr. 8 declară că nici un mason nu trebuie să se contrazică sau să se certe cu aproapele său la locul de adunare, sau să i se adreseze acolo altfel decât cu „frate" sau „coleg"; Nr. 11 stabileşte o pedeapsă pentru orice mason care dezvăluie secretele sau poveţele primite de la meşterul sau tovarăşii săi, spuse în lojă sau în afara ei, care le pot face rău „dacă sunt cunoscute de alţii"; iar Nr.12 interzice oricărui mason să organizeze o adunare pentru a ridica ucenici la gradul de *Freeman* al ghildei, fără a le spune Maestrului şi Supraveghetorilor. Aceasta cel puţin indică o formă de primire sau acceptare foarte diferită de ceremoniile noastre, de fapt neexistând nicio relatare scrisă despre vreun membru neoperativ primit în lojă înainte de 1748. Regulile mai arată că era datoria maestrului să-i dea ucenicului îndatoririle pe care urma să le aibă în decursul unui an, şi cu această posibilă excepţie nu există nici o altă menţiune în întreaga serie de minute de la Alnwick care să sugereze că s-ar fi comunicat orice alte secrete. Cea mai veche minută datează din 1703.

Loja Swalwell este precursoarea actualei Loji a Industriei din Gateshead, iar minutele sale au început să fie scrise din 1725, cu zece ani înainte de a adera la Marea Lojă. Cu toate că sunt ulterioare formării Marii Loji, aceste minute pot fi considerate tipice pentru lucrările unei loji engleze operative din perioada pe care o studiem, chiar dacă apariția lor târzie face ca posibilitatea unei influențe speculative să nu poată fi ignorată.

Avem rânduielile lojii Swalwell așa cum au fost consemnate în 1730, una dintre ele fiind de interes special pentru noi. Sună așa:

> „Oricine este găsit că nu a fost credincios păstrării și îngrijirii celor trei semne fraterne, ale tuturor regulilor frățești și ale principalelor lucruri legate de tainicul meșteșug, va plăti zece guinee pentru fiecare nesocotire."

Sancțiunea este diferită de cele cu care suntem obișnuiți, dar indiciile privind un ceremonial asemănător cu al nostru sunt evidente. În același timp avem *in extenso* o cuvântare ținută ucenicului la inițiere, care este de fapt un scurt rezumat al legendei din Vechile Rânduieli.

Nu numai că Loja Swalwell era operativă în vremea în care noi am cunoscut-o pentru prima dată – conform tradiției ea a fost înființată în 1690 de masoni operativi veniți din sud –, dar chiar și după ce a intrat sub jurisdicția Marii Loji și-a păstrat caracterul operativ timp de o generație sau chiar mai mult.

Atunci când ajungem la Vechea Lojă din York se pare că avem de-a face cu o adevărată lojă speculativă, care obișnuia să-și țină adunările acolo unde i se părea potrivit în zonă, nu doar în orașul York. O astfel de adunare ar fi putut fi ținută la Scarborough în 1705, iar alta a fost la Bradford în 1713, unde 17 gentilomi din localitate au fost primiți în Masonerie. Cea mai veche minută pe care o avem datează din 1712, care arată clar că loja era deja înființată și că nu se afla la prima adunare, iar din alte surse aflăm că în 1705 era înfloritoare. Dar minutele nu sunt decât simple înregistrări ale numelor celor admiși în Masonerie și ale membrilor deja existenți, cel puțin până în 1725, atunci când Vechea Lojă s-a intitulat Mare Lojă. Numele folosit era Onorabila Societate și Fraternitate a Francmasonilor, cuvântul Companie fiind folosit alternativ cu Fraternitate, dar fără a avea înțelesuri diferite. Suntem obligați să considerăm că această lojă era speculativă, dar nu ştim nimic despre ceremoniile şi rânduielile ei.

În mod asemănător, pentru lojile speculative engleze de dinaintea apariţiei Marii Loji trebuie să ne îndreptăm către puţinele însemnări ale autorilor din acea vreme. Există totuşi alte două referiri izolate la lojile din respectiva perioadă, sub forma unor înscrieri din documentele lojilor. În versiunea Vechilor Rânduieli cunoscută sub numele de York MS 4, există o menţiune care demonstrează existenţa unei loji undeva în anul 1693. Că ar fi vorba despre loja York este o sugestie probabilă, dar nu se poate trage o concluzie clară în acest caz. Dr. Anderson vorbeşte despre o lojă care se întrunea la Londra la 1693, la chemarea lui Sir Robert Clayton, menţionând de asemenea şi locurile de întâlnire ale altor şase loji din metropolă. Din păcate însă, dr. Anderson, care, chiar dacă este singura autoritate în materie pentru o parte din istoria noastră, este totuşi o sursă pe care nu ne putem baza întotdeauna.

O cuvântare ţinută la Boston în 1741 de guvernatorul Belcher, care a spus că a devenit mason în 1704, probabil în Londra, poate fi menţionată în trecere, de asemenea şi faptul că în 1732, atunci când un anumit Edward Hall, membru al lojii Swan din Chichester, a solicitat ajutor de la Marea Lojă, petiţia sa a fost susţinută de al doilea duce de Richmond, care a declarat că Hall a fost făcut mason de tatăl său, primul duce, în 1696.

Referinţele din secolul al XVII-lea despre Francmasoneria Speculativă sunt cinci la număr şi ne duc până în anul 1691. Deja am amintit o parte dintre ele. Acestea sunt:

(i) Două însemnări făcute de Elias Ashmole, un anticar, în jurnalul său. În 1646 menţionează propria lui iniţiere în loja din Warrington. În 1682 scrie că la o întâlnire din Londra în Masons' Hall, unde s-a făcut primirea în Frăţie a mai multor candidaţi, a avut calitatea de decan de vârstă al adunării. Această relatare a fost greşit interpretată, crezându-se că însuşi Ashmole a fost iniţiat din nou, rezultatul fiind o mare confuzie.

(ii) Randle Holme, anticarul din Chester, era membru al unei loji în 1665. Există o notă în scrierile sale despre forma jurământului, el însuşi copiind o versiune a Vechilor Rânduieli, dând şi alte informaţii despre Ordin în lucrările sale.

(iii) Dr. Plot, în istoria oraşului Staffordshire, povesteşte despre masoni, şi este clar că a avut acces la o versiune a Vechilor Rânduieli. El vorbeşte de asemenea şi despre folosirea semnelor, spunând despre Frăţie că este răspândită aproape în întregul regat. Această scriere datează din 1686.

(iv) Aubrey, un anticar, a scris în 1691 nişte adevărate reproduceri în stare brută, într-una vorbind despre o viitoare adunare a franc-masonilor, iar în cealaltă repetând ceea ce Sir William Dugdale i-a spus despre Ordin în urmă cu mulţi ani. Această lucrare deja a fost amintită şi parţial citată într-un capitol anterior. În restul se scrie aşa:

„Se recunosc între ei prin anumite semne şi (*marks*) şi cuvinte de trecere. Aşa se întâmplă şi în ziua de azi. Au o serie de loji în diferite comitate, unde se adună, iar atunci când unul dintre ei scapătă, Frăţia este datoare să-l ajute şi să-l scoată la liman. Felul în care sunt primiţi în Ordin este formal, având şi un jurământ de păstrare a secretului." În originalul manuscrisului, cuvântul *marks* este scris şi apoi tăiat.

În aceste relatări avem absolut toate informaţiile disponibile despre Masoneria speculativă din Anglia, între admiterea Companiei Londoneze în 1620, menţionată într-un capitol anterior, şi relatarea dr. Anderson despre formarea Marii Loji în 1717, alta decât cea cuprinsă în minutele lojii York despre care am vorbit deja, la care se adaugă cele două menţiuni din *The Tatler* din 1709 şi 1710 despre semnele, emblemele şi modul de a se recunoaşte ale masonilor. Influenţa acestor referinţe asupra heraldicii şi ritualurilor noastre timpurii a fost discutată anterior. Alte referinţe apar pe alocuri în literatura vremii, de exemplu în *The Dunciad*, dar nu adaugă nimic la ceea ce ştim deja. Între jurnalul lui Ashmole din

1682 și anul 1717, singura referință clară pe care o avem despre vreo lojă din Londra este scrisă de dr. Anderson despre o adunare din 1693, amintită deja, și nota lui Aubrey, la care voi reveni.

Ajungem acum la marele eveniment masonic al secolului al XVIII-lea – Adunarea din 1717, din care a rezultat Marea Lojă a Angliei. Folosind relatarea dr. Anderson despre eveniment, pe care este necesar să o comentăm, voi încheia ceea ce a fost, în mod necesar, doar o scurtă prezentare a celor cunoscute despre epoca de început a Ordinului nostru și despre posibilele sale origini.

Dr. Anderson scrie:

> „Regele George I și-a făcut o intrare magnifică în Londra la 20 septembrie 1714. După ce Rebeliunea[1] a fost înăbușită, în 1716 A.D., câteva loji din Londra, simțindu-se neglijate de Sir Christopher Wren, s-au gândit să se unească sub conducerea unui Mare Maestru care să fie Centrul Unității și Armoniei. Acele loji se adunau în următoarele locuri:
>
> (i) la the Goose and Gridiron Alehouse în St Paul's Churchyard;
> (ii) la the Crown Alehouse în Parker's Lane, lângă Drury Lane;
> (iii) la the Apple Tree Tavern în Charles Street Covenant Gardent;
> (iv) la the Rummer and Grapes Tavern în Channel Row, Westminster.
>
> Ei împreună cu alți vechi frați s-au întâlnit la amintita Apple Tree și, punând în Scaun pe cel mai în vârstă Maestru Mason (în prezent Maestrul unei Loji), au constituit o MARE LOJĂ *pro tempore*[2] în formă regulară, au ales pe loc ofițerii Lojii

---

[1] Rebeliunea iacobită (1715–1716) cunoscută și sub numele de „The Fifteen“, prin care s-a încercat repunerea pe tronul Angliei a catolicului Iacob Stuart (numit Iacob al III-lea de susținători și „Pretendentul“ de adversari). A fost înăbușită de armata lui George I, pretendentul și principalii săi susținători fugind în Franța.

[2] Pentru moment.

(denumită Mare Lojă), au hotărât să facă adunarea anuală şi agapa, ocazie cu care urmau să-şi aleagă un Mare Maestru din rândurile lor, pentru a avea onoarea ca la conducere să fie un Nobil Frate."

Astfel,

„În ziua Sfântului Botezător[1], în al treilea an al domniei regelui George I, 1717 A.D, ADUNAREA şi agapa Masonilor Liberi şi Acceptaţi s-au ţinut la înainte amintita Goose and Gridiron Alehouse.

„Înainte de cină, cel mai vechi Maestru Mason (acum Maestrul unei Loji) în scaun a propus o listă de candidaţi potriviţi, iar Fraţii, prin vot deschis, l-au ales Mare Maestru al Masonilor pe Mr. Anthony Sayer, gentilom, care a fost imediat învestit cu însemnele puterii de înainte amintitul cel mai vechi Maestru Mason, şi instalat, după care a fost felicitat aşa cum se cuvine de adunare, care i-a prezentat omagiile."

În legătura cu cele spuse, trebuie să observăm că nu era nimic de reînviat cu această ocazie, nefiind niciun dubiu că în 1717 Fraternitatea adoptase un mod de organizare cu care niciun mason sau lojă nu avuseseră o experienţă anterioară, nici măcar o urmă de tradiţie, cu excepţia celor menţionate în Vechile Rânduieli despre Adunare, unde oricum nu există niciun indiciu despre existenţa unei conduceri centrale a Masoneriei.

Istoria celor Patru Vechi Loji înainte de 1717 este pur şi simplu necunoscută. De la Aubrey ştim despre adunarea organizată de o lojă la St Paul's în ziua de 18 mai 1691, despre care el spune:

„Sir Christopher Wren va fi admis ca frate, şi Sir Henry Goodric, de la The Tower, şi câţiva alţii."

---

[1] 24 iunie, naşterea Sfântului Ioan Botezătorul.

Într-un capitol anterior am arătat că afirmaţia lui Anderson, care spune că Sir Christopher Wren a fost Mare Maestru, este evident incorectă, de vreme ce această demnitate nu exista înainte de 1717. Cât despre spusele lui Aubrey că el (Sir Christopher Wren) a fost iniţiat în 1691, autorul îl contrazice pe Preston, care susţine că acesta era mason cu mult timp înainte.

De fapt, se pare că şi Anderson şi Preston i-au conferit din principiu onoruri post-mortem arhitectului Catedralei St Paul, fără a avea dovezi scrise în acest sens, noi neştiind dacă el a fost admis în Masonerie în 1691 sau altă dată. Dar într-un fel, nota lui Aubrey este confirmată de faptul că în lista lojilor tipărită în 1729, la loja nr. 1 se arată că locul ei de adunare era St Paul's Churchyard, data de constituire a lojii fiind 1691. Este posibil ca acest lucru să indice că, începând cam din această perioadă, „adunările Vechii Loji de la St Paul's au fost organizate regulat, iar ceea ce era numită „ocazională" a devenit o Lojă stabilă (Gould, Four Old Lodges). În aceeaşi listă, data de constituire a lojii nr. 2 este menţionată a fi 1712, aceasta putând fi considerată un eveniment similar celui produs la loja nr 1. Pentru nr. 2 şi 3 nu se sugerează nicio dată de înfiinţare. Nr. 3 ar fi putut să fie chiar mai veche decât nr. 2, de vreme ce o precede pe lista gravată. Este probabil ca nr. 4 să fi fost constituită între 1712 şi 1717.

În prezent, nr. 1 este The Lodge of Antiquity; nr. 2 nu mai există; nr. 3 este The Fortitude and Old Cumberland Lodge No. 12, fiind comasată cu The Old Cumberland Lodge în 1818, iar nr. 4 este The Royal Somerset House and Inverness Lodge No. 4, în evidenţele actuale.

Channel Row a dispărut, iar vechile taverne nu mai adăpostesc adunările Frăţiei, dar locurile unde au fost pot fi încă identificate, toate fiind situate în apropiere de Great Queen Street, lăcaşul modern al Marii Loji şi centrul Francmasoneriei engleze.

Cuprins

Nemira Online

Urmărește-ne ca să fii la curent cu ultimele:

NEMIRA Promoții pe site: nemira.ro

Concursuri pe Facebook: facebook.com/ed.nemira

Articole pe blog: blog.nemira.ro

Recenzii ale cărților noastre: nemirabooks.ro

Comunicate Nemira pentru presă: nemiramedia.ro